부모의 자리

부모의 자리

이주영 지음

서울대 · 하버드 출신

소아정신과 의사가 알려주는
'충분히 좋은' 부모 되기

도서출판 겸

추천사

내가 아이를 키울 때 이 책이 있었어야 했다. 부끄럽지만 소아정신과 의사라고 해서 육아를 잘 하는 것은 아니다. 이미 '충분히 좋은(good enough)' 부모이자 소아정신과 의사인 저자는 정신분석과 심리발달 이론의 중요한 개념과 용어를 쉽게 풀어 설명하며, 이를 자신의 육아와 치료 현장의 다양하고 생생한 사례에 어떻게 적용했는지 구체적이고 명확하게 알려준다. 이 책은 육아에 대한 개념이나 철학보다는 실제로 도움이 되는 솔루션을 제시하는 책이다. 부모로서 아이를 어떻게 키워야 할지 두렵고 막막할 때, 『부모의 자리』가 믿음직하고 단단한 길잡이가 되어줄 것이다.

김재원 / 서울대학교어린이병원 소아정신과 교수

『부모의 자리』는 부모의 여정을 재미있고 알기 쉽게 풀어낸 책이다. 읽는 내내 즐거움과 감동을 선사하며, 저자는 부모로서 자신의 경험, 소아 발달에 대한 지식, 그리고 실제 치료 사례들을 자연스럽게 엮어내어 독자의 마음을 사로잡는다. 아이의 성장을 바라보며 느끼게 되는 신비로움, 혼란, 그리고 상실을 통해, 우리가 부모로서 어떻게 변화하고 성장하는지를 깊이 있게 보여준다. 이 책은 부모는 물론 아이들과 함께 생활하는 모든 이들, 그리고 좋은 책을 찾고 있는 모두에게 자신 있게 추천할 수 있는 작품이다.

Debra Rosenblum / 하버드 의과대학 정신과 교수

『부모의 자리』는 '자녀를 잘 키우는 법' 보다 '어떻게 하면 자녀와 함께 의미 있는 삶을 살 수 있는지'를 이야기한다. 저자는 가족 내의 사소한 순간들이 어떻게 아이의 내면을 형성시키는지 섬세하고 명료하게 풀어낸다. 이 책은 양육의 감정적 깊이를 이해하고 싶은 독자들에게 희망과 치유, 그리고 깊은 통찰을 건네는 소중한 선물이 될 것이다.

Khalid Afzal / 시카고 대학교 프리츠커 의과대학 정신과 교수

『부모의 자리』는 아동과 가족을 치료하는 정신건강 전문가뿐 아니라, 일반 독자들에게도 깊은 울림을 주는 책이다. 저자는 애착 이론, 감정 조절, 놀이, 가족 내 트라우마 등 복잡한 주제를 다루면서도 인간적인 시선과 명료한 설명을 잃지 않는다. 또한, 실제 임상 사례를 통해 부모들이 육아 과정에서 마주하는 다양한 딜레마를 생생하게 보여준다. 독자들은 이 책을 통해 사려 깊은 교육자이자 지혜로운 치유자의 기록을 만날 수

있을 것이다.

Donald R. Ross / 워싱턴-볼티모어 정신분석 연구소 수련 및 지도 분석가

『부모의 자리』에는 부모이자 소아정신과 의사인 이주영 교수의 깊은 성찰이 담겨 있다. 이 책은 실제 사례들에 문화적 맥락을 더해, 양육자들이 아이들을 대하는 방식에 관한 심리학 이론들을 친절하게 설명한다. 또한, 부모와 자녀 모두가 어떻게 하면 서로에게 너그러워질 수 있을지를 아름답고 따뜻한 문장으로 안내해준다. 정신 치료에 관심 있는 임상가, 교육자, 그리고 모든 부모에게 강력히 추천한다.

Chayanin Jing Hamada /
하와이 대학교 퀸즈 메디컬 센터 소아정신과 전문의

좋은 부모가 되기 위해서는 많은 노력과 배움이 필요하다. 그동안 자녀 양육에 관한 많은 책이 있었지만, 과학적 의학지식을 바탕으로 전문가의 식견과 통찰을 접할 수 있는 책이 없어 아쉬웠다. 이주영 교수의 책이 돋보이는 이유다. 『부모의 자리』에는 육아에 관한 저자의 날카로운 문제의식과 자녀교육에 대한 아낌없는 조언이 담겼다. 이 책이 자녀를 기르는 많은 부모들에게 나침반과 같은 역할을 수행할 것이라 확신한다.

홍혜걸 / 의학전문기자, 의학 채널 '비온뒤' 대표

누군가의 가족이자 정신과 의사로 살아가다 보면, 늘 이론과 현실이 어긋나는 상황을 마주하게 된다. 아이를 너무 다그치는 것은 아닐까, 혹은 지나치게 방관하는 것은 아닐까? 나 역시 늘 염려 속에서 자녀를 키운다. 이 책을 읽는 내내 문제를 함께 풀어 가는 스터디 리더를 만난 것 같았다. 지친 일과를 마치고 어떤 마음으로 아이에게 향해야 하는지, 아이를 혼낼 때 지켜야 할 선은 어디까지인지, 오직 실전을 겪어 본 사람만이 품을 수 있는 의문들에 저자는 차분하면서도 정확하게 답을 건넨다. 이 책은 희망을 주는 육아서다. 나도 읽고, 내 자녀들에게도 물려주고 싶다. 따뜻하면서도 속 시원한 나의 '애착도서', 아니 '부착(attachment)도서'가 생겼다.

윤홍균 / 정신과전문의, 『자존감 수업』 저자

머리말

이 책은 단순한 육아서가 아닙니다. 저는 이 책을 통해, 우리가 타인과 맺는 관계의 방식이 왜 중요한지에 대한 제 고민을 담고 싶었습니다.

오늘날 우리는 쉴 새 없이 쏟아지는 자극적인 정보에 노출된 채 살아갑니다. 이런 환경에서 마음을 차분히 유지하고 균형 잡힌 사고를 이어가기 위해서는, 타인과 더불어 살아가는 건강한 관계가 반드시 필요합니다. 그리고 그 관계의 질을 형성하는데 핵심적인 역할을 하는 것이 바로 '부모의 자리'입니다. 이 책의 제목에 담긴 여러 의미를 먼저 소개하고자 합니다.

첫째, 『부모의 자리』는 양육자가 아이를 키울 때 가져야 하는 마음가짐을 뜻합니다. 저는 이 책에서 아이가 감정을 조절할 수 있도록 돕는 방법, 공격적 행동에 담긴 숨은 의미를 이해하는 법, 아이와 함께 노는 법, 아이 스스로 배우도록 이끄는 방법 등을 다루었습니다. 개인적인 육아에 대한 철학이나 사견보다는 과학적으로 검증된 육아법을 중심으로 소개하려 노력했습니다.

둘째, 『부모의 자리』는 아이 마음속에 형성되는 부모의 이미지를 의미합니다. 부모와의 경험을 통해 만들어진 이 이미지는 아이의 삶 전체에 영향을 미칩니다. 본문에서 애착 이론과 대상관계 이론을 바탕으로 부모-자녀 관계를 설명한 이유입니다. 특히 갈등이나 단절이 생겼을 때 관계를 회복하는 일이 얼마나 중요한지를 강조하고자 했습니다. 마치 어두운 밤바다를 항해하는 배가 별자리를 따라 길을 찾듯, 부모의 '자리'가 자녀에게 힘과 위안이 되기를 바라는 마음을 담았습니다.

셋째, 『부모의 자리』는 부모 마음속에 있는 타인에 대한 믿음과 기대를 뜻하기도 합니다. 가족, 사회, 문화의 영향을 받아 형성된 이 믿음은 다음 세대에도 이어집니다. 본문에서는 어린 시절 학대나 방임의 상처가 어떻게 대물림될 수 있는지를 정신분석 이론과 유전학적 관점에서 설명했습니다. 반복되는 가족 갈등이 무엇을 의미하는지, 부모의 과거가 자녀에게 어떤 영향을 주는지를 다양한 사례를 들어 풀어내고자 했습니다. 그리고 나아가, 오랜 가족의 이야기 속에서 어떻게 하면 새로운 변화를 만들어갈 수 있을지를 제시하고 싶었습니다.

이 책을 쓰는 과정에서 많은 분들의 도움을 받았습니다. 먼저 석사 과정에서 저를 지도해주신 함봉진 교수님께 감사드립니다. 함 교수님께서 따뜻한 태도로 학생과 환자를 대하는 모습을 보며, 저 역시도 인간적으로 한층 성장할 수 있었습니다.

미국에 건너와서 많은 훌륭한 선생님들을 만났습니다. 제가 기꺼이 배우고 싶은 따뜻한 환경을 만들어주시고 예리한 시선으로 정신치료를 지도해주신 Christopher Miller, Donald Ross, Jeffrey Soulen, Thomas Allen, Adele Pressman, Ayelet Barkai, Timothy Dugan, Neal Kass 선생님께 감사드립니다. 가족 치료 영상을 함께 검토하며 조언을 아끼지 않으신 Jill Harkaway, Cynthia Mittelmeier 선생님, 외래 진료 성과를 세심하게 챙겨주신 Jason Addison, Margaret Weiss, Debra Rosenblum, Priya Sehgal 선생님께도 깊은 감사를 드립니다.

또한 훌륭한 의학 교육자의 본보기가 되어주신 Alexandra Harrison, Nicholas Carson, Shireen Cama, Scott Yapo, Gopal Vyas, Mark Ehrenreich, Sandra DeJong, Theodore Murray, Jennifer Harris, Cynthia Telingator, Peter Daniolos, John Hamilton 선생님께도 존경과 감사를 전합니다. 이분들의 지도 덕분에 책을 집필할 용기를 낼 수 있었습니다. 지면 관계상 모두 언급하지 못하지만, 제게 배움의 기회를 주신 모든 선생님들의 가르침이 이 책의 밑거름이 되었습니다.

원고를 쓰고 다듬는 동안, 늘 곁에서 지지와 조언을 아끼지 않은 아내, 그리고 부모로서 삶의 의미와 기쁨을 일깨워준 두 아들에게 사랑과 감사를 전합니다. 제가 원하는 길을 향해 나아갈 수 있도록 든든히 지지해주신 부모님께도 진심으로 감사드립니다.

이 책을 읽는 모든 독자들이 타인과 신뢰할 수 있는 '깊고 즐거운 관계'의 중요성을 이해하고, 그것을 희망하며, 또 넓혀가기를 바랍니다. 특히, 자녀를 기르는 독자들이 '충분히 좋은'

양육자로 성장하는데 있어 이 책이 나침반과 같은 역할을 할 수 있길 바랍니다.

2025년 11월

이주영

목차

1장 프롤로그   15

2장 놀이   25
  2.1. 놀이는 왜 중요할까?   26
  2.2. 어떻게 놀 것인가?   34
  2.3. 놀이는 내적 세계가 만나는 곳   43

3장 자기 조절   55
  3.1. 자기 조절은 인지 발달의 기반   56
  3.2. 상호 조절과 감정의 이해   69

4장 관계의 단절과 회복   81
  4.1. 관계의 단절은 불가피하다   82
  4.2. 의미를 함께 만드는 과정   90
  4.3. 관계의 회복에서 오는 희망   98

5장 의존과 독립   109
  5.1. 애착이라는 완벽한 의존   110
  5.2. 마음 속에 간직되는 관계들 : 대상 관계   116
  5.3. 대상 관계 통해 살펴보는 육아의 원칙   123

6장 배움과 가르침   139

    6.1. 타인의 존재가 학습에 미치는 영향   140

    6.2. 자녀의 자발적인 학습을 도우려면   145

7장 심리적 외상   159

    7.1. 어릴적 심연(深淵)을 마주하며   160

    7.2. 해리(解離): 스스로를 배신해야만 할 때   168

    7.3. 학대와 방임은 어떻게 상처를 남기는가   174

    7.4. 세대를 뛰어넘는 상처   184

8장 가족   195

    8.1. 가족이 써나가는 이야기   196

    8.2. 가족은 어떻게 탄생하고 변화하는가   206

    8.3. 가족이 함께 상상할 수 있다는 것   218

9장 에필로그: 함께 존재한다는 것의 의미   231

PART

1

프롤로그

아이가 자신을 믿을 수 있는 이유는
그 아이를 언제나 믿어준
부모가 있었기 때문이다.

매튜 제이콥슨
(Matthew Jacobson)

1장

프롤로그

2020년, 나는 한 아이의 아빠가 되었다.
2023년, 나는 두 아이의 아빠가 되었고, 그 해 여름 소아정신과 의사가 되었다.

아이들을 양육하는 일과 치료하는 일은 서로 달라 보이지만, 그 둘은 밀접하게 닿아 있다. 아빠로서의 경험은 소아정신과 의사라는 직업에 만족감과 성취감을 주는 자양분이 되었고, 아이들을 치료하는 현장에서의 배움은 내가 더 좋은 아빠가 되는 길을 열어주었다. 두 세계는 서로를 비추는 거울처럼 나를 성장시켰다.

나는 한국과 미국에서 정신과 임상 수련을 받았다. 두 나라에서 7년간 이어진 일반 정신과 전공의 수련(residency) 동안, 나는 개인의 고통을 평가하고 공감하며 치료하는 법을 배웠다. 미국에서 이어진 2년간의 소아정신과 전임의 수련(fellowship)중에는 인간 발달을 가족과 사회라는 맥락 속에서 이해하고, 심리적 고통을 경감시키는 법을 익힐 수 있었다.

한국과 미국에서의 수련이 나를 더 단단하게 만든 것은 분명하지만, 처음부터 의사로서 내 삶의 경로가 명확했던 것은 아니었다. 한국에서의 전공의 시절 초기에, 나는 정신과 의사가 되는 길의 한 가운데에서 잠시 방향을 잃은 듯했다. 나 스스로 환자들이 심리적 고통에서 벗어날 수 있도록 충분히 돕고 있는지 확신이 들지 않았다. 한국에서의 수련은 쳇바퀴 위를 달리는 것처럼 느껴졌고, 그저 하루하루를 버텨내고 있을 뿐, 제자리걸음만 반복되는 것 같았다.

진정으로 누군가의 고통을 덜어주는 의사가 되고 싶다는 갈증은 나를 대학원으로 이끌었다. 전공의 생활과 연구를 병행하며 정신과학을 깊이 공부하면, 환자를 만나는 일에서 의미를 찾을 수 있으리라 믿었다. 그렇게 서울대학교병원 함봉진 교수님 밑에서 석사 과정을 밟게 되었다. 함 교수님은 바쁜 병원 스케줄 속에서도 모두에게 따뜻함을 잃지 않는 분이셨다. 나 역시 함 교수님의 애정 어린 지도 덕분에, 진로에 대한 고민과 불안을 극복하고 수련을 이어갈 수 있었다.

한국에서의 전공의 생활 막바지, 정도언 교수님과의 만남은 또 다른 전환점이었다. 미국에서의 안식년을 마치고 돌아오신 정 교수님 주도의 세미나를 통해, 나는 정신분석 이론에 기반한 정신 치료의 매력을 처음으로 느낄 수 있었다. 모든 연차의 전공의들이 정신 치료에 관한 다양한 글을 읽고 자유롭게 토론하면서, 나는 전에 느끼지 못했던 희열을 느꼈다. 그리고, 더 큰 배움에 대한 갈증은 나를 미국으로 이끌었다.

　그러나 미국에서의 수련은 내가 상상했던 것보다 훨씬 더 고되고 험난한 과정이었다. 한국에서 취득한 정신과 전문의 자격은 미국에서 인정되지 않았기에, 전공의 과정을 처음부터 다시 밟아야만 했다. 언어와 문화의 장벽, 육아와 수련을 병행하는데서 오는 육체적 피로, 이민자로서 느끼는 외로움까지―그 모든 무게를 견디며 나는 천천히, 그러나 단단하게 성장해갔다. 정신과 의사로, 정신 치료사로, 남편이자 아버지로.

　정신분석적 정신 치료를 깊이 있게 배우고자, 나는 메릴랜드 대학교 전공의 과정을 마친 뒤, 메사추세츠 케임브리지로 이주했다. 그리고 그곳에서 나는 하버드 의과대학의 수련병원인 '케임브리지 헬스 얼라이언스(Cambridge Health Alliance, CHA)'에서 소아정신과 전임의 과정을 밟았다. CHA는 보스턴 북부 지역의 의료 안전망을 담당하는 병원으로, 역사적으로 심리적 외상 치료법 발전에 큰 기여를 해온 곳이다. 이곳 소아정신과 외래에는 사보험이 없는 저소득층 환자들, 학대와 방임을 겪은 아이들, 그리고 이민자 가정의 학생들이 주로 내원했다. 나는 CHA에서 아이들을 치료하는 동시에, '보스턴 정신분석학회 및 연구소(BPSI)'에서 정신 치료 수련을 병행했다.

　전임의 기간 동안 마주한 정신의학의 세계는 상상 이상으로 방대하고 깊었다. 게다가 유년시절을 한국에서 보낸 나에겐, 그 여정은 특히 험난한 과정이었다. 아이들과 자연스럽게 소통하기 위해서는 아주 쉬운 영어조차 새로 익혀야 했다.

또, 케임브리지 공립학교에 파견 실습을 나갔을 때는 모든 학년 수업에 참관하며 미국의 공교육 시스템을 몸소 익혀야만 했다. 미국 생활 4년 차였음에도 여전히 새로운 문화를 배워야 하는 현실은 때때로 고통스러웠다.

돌이켜보면 이 경험은 소아정신과 의사로서 나에게 꼭 필요한 것이었다. 세상에 태어나 끊임없이 새로운 사람들과 환경에 노출되고, 이에 대한 적응을 요구 받으며 살아가는 어린 환자들의 어려움을 나 역시도 조금이나마 공감할 수 있게 되었기 때문이다.

뿐만 아니라, 수련 과정에서 경험한 미국의 의학 교육 시스템, 새롭게 맺은 선생님들과의 관계는 '배움'에 대한 나의 관점을 근본적으로 바꾸어 놓았다. 이 귀한 경험은 내가 부모이자 정신과 전문의로서 아이들을 어떻게 바라보고, 그들이 하나의 독립된 인격체로 성장하는데 도움을 줄 수 있을지에 대한 깊은 통찰을 주었다. 그리고 동시에, '좋은 부모'이자 '좋은 소아정신과 의사'가 되려면 어떻게 해야 할지에 대한 많은 질문들을 떠올리게 해주었다.

* '충분히 좋은 부모'란 무엇이며, 우리는 어떻게 '충분히 좋은 부모'가 될 수 있을까?
* 아이들은 부모 및 타인들과의 관계 속에서 어떻게 심리적 발달을 이룰까?

* 부모에게 받은 상처가 자녀의 삶에 오래도록 남는 이유는 무엇일까?
* 왜 육아는 감정적으로 고된 것일까?

이 책은 이렇게 개인적이고 사소한 질문들에서 출발했다. 한국과 미국에서의 길고 힘들었던 수련 경험과, 신경 과학·정신 분석 관련 지식, 그리고 가정에서의 실전 육아 경험이 어우러지면서, 비로소 나만의 언어로 이 질문들에 대한 답을 써내려갈 수 있었다.

이 책은 인간이 어떤 과정을 통해 정신적 발달을 이루며, 어떻게 타인과 관계를 맺는지에 대해 다양한 사례를 중심으로 설명한다. 이 책에는 '완벽한 부모가 되는 비법' 같은 내용은 담겨 있지 않다. 나는 오히려 이 책을 읽는 독자들에게 "부모로서 완벽하지 않아도 괜찮습니다"라고 말하고 싶었다. '충분히 좋은(good enough)' 부모가 되는 것조차 결코 쉽지 않은 일이기 때문이다.

이 책을 통해, 부모가 된다는 것, 그리고 육아가 왜 이토록 힘들고 어려운 일인지를 이해하고, 부모와 자녀가 서로에게 조금 더 너그러워질 수 있기를 바란다. 부모와 자식의 관계는 다양한 갈등 속에서 단절과 회복을 반복하며, 그 경험은 서로의 무의식 속에 깊이 새겨진다. 나는 독자들이 관계의 단절이 곧 회복의 기회임을 깨닫고, 그런 회복의 순간들을 더 많이 만들어갈 수 있도록 돕고 싶다.

책 제목인 『부모의 자리』는 '부모가 있어야 하는 곳' 또는 '부모의 역할'인 동시에, '아이 마음속에 자리잡고 기억된 부모와의 경험'을 의미한다.

이 책이 지금 아이를 키우고 있는 부모는 물론, 아이의 보육을 돕는 조부모, 성인이 된 자녀를 둔 부모, 혹은 부모와의 관계를 다시 들여다보고 싶은 많은 자녀들에게도 닿기를 바란다.

이 책의 구성은 다음과 같다. 2장에서는 놀이가 어린 아이들의 발달에 얼마나 중요한지 설명한다. 부모와 아이가 함께하는 놀이 과정에서 부모가 지키면 좋은 원칙도 함께 소개한다. 3장에서는 격앙된 감정을 진정시키는 자기 조절 능력이 왜 중요한지, 그리고 부모가 이 발달을 어떻게 하면 도울 수 있는지 다룬다. 4장에서는 부모-자녀 관계에서 단절이 왜 불가피한지를 설명하고, 그 단절을 어떻게 하면 회복할 수 있을지 이야기한다. 5장에서는 자녀와 부모 사이의 관계를 의존과 독립의 관점에서 조망하며, 애착 이론이 심리학에서 차지하는 특별한 위상도 함께 소개한다. 6장에서는 학습에 관련된 심리학 이론을 바탕으로, 부모가 자녀의 자발적 학습을 어떻게 도울 수 있는지를 안내한다. 7장에서는 다소 무거운 주제인 심리적 외상을 다룬다. 어린 시절 만성적인 유해 환경에 노출된 아이들이 자라면서 신체적·심리적으로 어떤 영향을 받을 수 있는지 설명한다. 8장에서는 가족이라는 생물학적 환경이 개인의 발달에 어떤 영향을 미치는지 살펴본다. 그리고 자녀의 잠재력을 이끌어낼 수 있는 안전하고 지지적인 가족으로의 변화를 꿈꾸는 부모를 위한 제언을 담았다. 마지막 9장에서는, 저자가 독자들에게 꼭 전하고 싶은 핵심 메시지를 요약해 전달한다.

―

과학은 언제나 반박 가능성을 전제로 하기에, 이 책에 담긴 지식도 언젠가는 수정될 수 있다. 그럼에도 불구하고, 나는 이 책이 당신의 경험과 생각을 비추는 하나의 거울이 되기를, 그리고 그 거울 속에서 새로운 통찰을 발견할 수 있기를 소망한다.

이 책에는 '내적 세계'라는 용어가 자주 등장한다. 독자의 이해를 돕기 위해 이 개념을 명확히 정의 내리고자 한다. 내적 세계란 '개인의 마음속에 존재하는 복잡하고 역동적인 생각, 감정, 환상·공상, 기억'을 일컫는다. 이는 외부 세계를 경험한 후, 개인이 독창적으로 변형시켜 저장한 마음의 영역이다. 내적 세계의 많은 부분은 무의식의 영역에 속한다. 우리가 의도적으로 관찰하고 떠올리려 해도, 이 세계에 완전히 닿는 것은 어렵다. 그러나 내적 세계는 개인의 행동과 감정에 무의식적으로 깊은 영향을 미친다. 특히 인생 초기 양육자와의 관계는 내적 세계 형성에 결정적인 영향을 주며, 이후 대인 관계의 양상에도 큰 영향을 미친다.

책에서 언급되는 정신분석적 정신 치료와 정신역동적 정신 치료는 서로 교환 가능한 용어이다. 이는 정신분석 이론에 기반한 심리치료의 한 형태로, 개인의 내적 세계에 존재하는 갈등을 탐색하고 이해함으로써 심리적 고통을 완화하고 자기 이해를 증진시키는 치료 방법이다.

본문에서는 '부모'와 '양육자'라는 두 용어를 혼용해 표기하였다. 현대 사회에서는 생물학적 부모가 아닌 이들(조부모나 양부모)이 육아를 담당하게 되는 경우가 흔하기 때문이다. 그 외 명확히 해야할 필요가 있는 심리학 용어들은 두꺼운 글씨체로 표기하였고, 본문 밖에 별도 설명을 더했다.

이 책에 등장하는 모든 환자의 사례는 교육적 목적을 달성하면서도 개인 정보를 보호할 수 있도록 재구성되었다. 환자와 그 가족들의 이름은 모두 가명이며, 나이, 성별, 거주지, 직업 등 인구학적 정보는 실재 인물을 특정할 수 없도록 충분히 변형되었다.

PART

2

놀이

놀이는 진지한 학습이 아닌
휴식처럼 여겨지곤 한다.
그러나 아이들에게는
놀이 자체가 진지한 학습이다.

프레드 로저스
(Fred Rogers)

2장

놀이

2.1. 놀이는 왜 중요할까?

심리학은 다양한 주제를 다룬다. 그 중에서 **놀이**에 대해 먼저 설명하는 이유는 놀이야말로 이어지는 주제들의 기초이자 핵심이기 때문이다. 정신분석가인 데보라 카바니스(Deborah L. Cabaniss)는 인간 정신(psyche)을 평가하는 다섯 가지 영역 중 하나로 '일과 놀이'를 제시했다.

놀이는 어린 아이들만의 활동이 아니다. 성인이 되어서도 놀이는 주말 나들이, 친구와의 유쾌한 대화, 파트너와의 친밀한 관계 등 다양한 형태로 지속된다. 심지어 일상적인 대화조차도 일정한 규칙(예를 들면, 누군가 말하고 있을 때 상대방은 그 내용을 방해하지 않고 경청한다는 암묵적 동의)에 따라 진행되는 놀이이다.

놀이는 긴장을 완화하고, 타인과의 관계를 깊게 하며, 삶을 풍요롭게 만든다. 다만, 도박, 음주, 약물사용, 무분별한 성관계 등과 같이 위험하거나 발달 수준에 맞지 않는 놀이에는 부정적 영향이 따를 수 있다.

> **놀이(play)**
>
> 인간의 정서, 인지, 사회적 발달을 촉진하는 활동. 놀이는 평생 지속되며, 긴장을 완화시키고 깊이 있는 인간 관계를 만든다.

놀이 치료 수련을 시작할 때만 하더라도, 나는 특별한 '놀이 기술'을 배우게 될 줄 알았다. 그러나 그것은 아이와 집중해서 '잘 노는 마음가짐'을 배우는 과정이었다. 수련을 통해 나는 아이들의 속도에 맞춰 놀이에 몰입하는 법을 배웠다. 이 과정에서, 아이들이 놀이를 통해 공유하고자 하는 이야기를 가감 없이 즐기면서 들을 수 있게 되었다. 더 나아가, '놀이'의 관점에서 배우자와 자녀, 그리고 친구들과의 관계 역시 새롭게 바라볼 수 있게 되었다. 놀이는 모든 관계 속에 스며들어 있었다.

> **놀이 치료**
>
> 아이들이 언어로 표현하기 어려운 감정이나 갈등을 놀이를 통해 드러내고 치유할 수 있도록 돕는 심리치료 접근법. 이 책에서 언급되는 놀이 치료는 정신 분석 이론에 기반한 방법을 의미한다.

개인이 누구와 어떤 방식으로 놀이하는지 파악하는 것은 정신과적 평가에서 매우 중요하다. 그래서 나는 성인 환자와의 첫 상담에서 "일을 하지 않는 시간에 보통 어떻게 긴장을 푸시나요?"라고 꼭 묻는다. 안전한 놀이를 통해 타인과의 관계를 돈독히 하고 긴장을 풀 수 있다면, 그 사람은 놀이를 통해 정신 건강을 잘 유지하고 있다고 볼 수 있다.

소아과 의사이자 정신분석가였던 도널드 위니컷(Donald Winnicott)은 놀이가 '아이의 내적 세계를 들여다보는 창'이라고 설명했다. 놀이는 단순한 재미 추구를 넘어 정서, 인지, 사회성 발달에 기여한다. 또한, 자유롭게 놀았던 기억을 가진 아이들은 **집행 기능**이 특히 잘 발달한다. 놀이의 이러한 긍정적인 효과 때문에, 아동 심리 영역에서는 놀이가 중요한 치료 방법으로 발전하게 되었다.

하버드 의과대학 마이클 요그맨(Michael Yogman) 교수는 놀이가 소아과 의사에 의해 '처방'되어야 할 정도로 중요하다고 강조했다. 적절한 운동이 여러 성인병을 예방할 수 있듯이, 어린시절 자유로운 놀이는 우울과 불안 같은 정신 질환을 예방하는데 도움이 된다.

> **집행 기능(Executive Function)**
>
> 계획, 주의 집중, 문제 해결, 충동 억제 등의 인지 능력을 포괄하여 지칭하는 용어. 놀이는 이 기능의 발달을 촉진시켜 학업 및 사회 생활에 긍정적으로 기여한다.

과학적으로 입증된 놀이의 순기능에도 불구하고, 부모들은 아이가 조금이라도 더 이른 시기에 공부에 흥미를 갖길 바라며, 놀이를 시간 낭비로 여기는 경향이 있다. 여기에 물리적 안전을 중시하는 사회 분위기와 스마트폰, 소셜 미디어(SNS)의 확산이 더해져, 아이들의 놀이는 실제 세계에서 가상 세계로 옮겨가고 있다. 타인과 한 공간에서 논다는 것이 인간에게 어떤 의미를 가지는지 논하기에 앞서, 나의 어린 시절 놀이 경험을 나누고자 한다.

나는 네다섯 살 때, 충남 천안에서 자랐다. 집 근처 광활하게 펼쳐진 논밭은 나와 친구들의 놀이터였다. 여름에는 올챙이와 개구리를 관찰하고, 가을에는 곤충 채집망을 들고 다니며 잠자리와 사마귀를 잡았다. 겨울이 되고 논밭이 얼면 썰매를 탔다. 나는 틈만 나면 논밭으로 나갔다. 나는 그때 여럿이 함께 놀면 더 재미있다는 것을 깨달았다. 스마트폰과 인터넷도 없던 시절이었지만, 친구들과 따로 약속을 할 필요조차 없었다. 우리의 놀이는 늘 즉흥적이었고, 나는 그 과정에서 낯선 타인과 어울리는 법, 감정을 조절하는 법 등을 자연스럽게 배울 수 있었다.

　　이웃 동네 친구들과의 놀이 초반에는 묘한 긴장감이 흘렀지만, 그것이 우리가 함께 놀이를 하는데 걸림돌이 되지는 않았다. 때로는 의견이 강한 사람이 놀이를 이끌기도 하고, 가위 바위 보로 어떤 놀이를 할지 정하기도 했다. 그 과정에서 결정된 놀이가 마음에 들지 않는 아이들은 때때로 반대 의견을 피력하기도 했고, 일그러진 얼굴로 씩씩 거리기도 했다. 나 역시 내가 하고 싶은 놀이를 하지 못하면 크게 실망했지만, 놀이를 이어가기 위해서는 그런 감정을 잘 다스려야만 했다. 화가 난다고 소리를 지르거나 짜증을 부리면 놀이가 중단되고, 함께 있던 친구들도 떠날 수 있기 때문이었다. 어린 시절 나에게 놀이는 성공적인 '함께 놀기'를 위해, 내가 어떻게 행동하고 말해야 하며, 어떤 비언어적 행동을 취해야 하는지를 자연스럽게 배우는 과정이었다.

일곱 살 때는 가족과 함께 캐나다 밴쿠버에서 1년을 보냈다. 한국에서와는 달리, 그곳에선 아버지가 일찍 퇴근하셔서 온 가족이 매일 저녁 식사를 함께할 수 있었다. 자기 전에는 모두 마주 앉아 보드게임을 했다. 나는 그 중에서 특히 체스와 배틀쉽(Battleship, 상대방의 배 위치를 추측해 포격으로 침몰시키는 놀이)을 좋아했다. 게임을 하려고 카펫에 배를 깔고 누웠을 때 느꼈던 인공 벽난로의 온기와, 그때 먹었던 아이스크림의 맛은 지금도 잊지 못한다. 지금 생각해보면, 그 때 나눈 소중한 추억이 가족의 관계가 소원해질 때마다 회복의 불씨가 되어준 것 같다.

밴쿠버에서 다녔던 학교에서 나는 영어를 잘 알아듣지 못해 늘 긴장하며 지냈다. 하고 싶은 말도 편하게 할 수 없었다. 어린 나이에 겪은 집 밖에서의 긴장과 스트레스를 이겨낼 수 있었던 것은, 집에 돌아갔을 때 나를 기다리는 가족과의 즐겁고 편안한 시간 덕분이었다. 부모님은 종종 우리 형제와의 보드 게임에서 일부러 져 주기도 했는데, 그 승리의 경험이 외국 생활에서 무너진 나의 자존감을 회복시키는 원동력이었다.

가족과 함께 했던 여러 종류의 놀이는 승리와 패배라는 단순한 구분을 넘어 사람 사이 다양한 관계의 맥락을 살필 수 있는 기회이기도 했다. 놀이에서 이겼을 땐 승자로서 패자의 감정을 헤아리고 배려하는 법을 배웠고, 놀이에서 졌을 때는 상대방이 미안한 마음을 갖지 않도록 내 감정을 다스리는 방법을 익혔다.

아홉 살 무렵, 한국에서는 미니카 열풍이 불었고, 나 역시도 미니카의 극성팬이 되었다. 동네 문구점에선 저마다 미니카와 개조 용품을 판매했고, 몇몇 문구점 앞에는 미니카 경주 트랙이 설치되었다. 당시 내가 받던 일주일 용돈이 2,000원이었기 때문에, 본체만 6,000원에 달하는 미니카를 구매하기 위해서는 학교 앞에서 파는 떡볶이를 포기하며 한 달을 저축해야만 했다. 나는 아끼고 저축하면서 더 빠른 미니카를 만들기 위해 치열하게 고민했다. 인터넷이 없던 시절이라, 정보를 얻는 것은 함께 미니카를 가지고 놀던 친구들을 통해서만 가능했다. 빠른 미니카를 가진 사람이 보이면 용기를 내 비결을 물어보곤 했다.

여기저기서 얻은 정보를 가지고 열심히 개조를 해도 언제나 내 차보다 더 빠른 미니카가 등장했다. 그에 질세라, 나 역시도 성능 좋은 모터를 구하기 위해 부모님의 구두를 닦아가며 용돈을 모았다. 내가 열정을 쏟을수록 빨라지는 미니카를 보며 가슴이 뜨거워졌다. 돌이켜보면, 나는 그 당시에 미니카라는 놀이 도구를 통해 자연스럽게 인내를 배웠고, 내가 원하는 목표에 도달하기까지 문제를 정의하고 해결하는 방법을 익혔던 것이다. 놀이를 통해 자연스럽게 정서, 사회성, 인지 발달을 이뤄냈던 것이다!

그리고 이러한 놀이의 효과는 '타인과 함께하는 놀이'에서 극대화된다. 독자들은 어떤 놀이의 순간이 가장 기억에 남는가? 그 순간에는 분명 누군가가 함께 있었을 것이다! 타인과의 놀이를 통해서, 우리는 관계의 뉘앙스나 사회에서 통용되는 매너와 예절까지도 익힐 수 있다. 또한, 이 과정에서 **정신화** 능력과 **자기 조절** 능력도 자연스럽게 발달하게 된다.

정신화(Mentalization)

타인이 나와 다른 생각과 감정을 갖고 있음을 이해하는 능력. 다른 용어로 마음 이론(Theory of mind)이라고도 부른다. 광범위하게는 타인의 행동을 내면의 감정·생각·욕구·신념에 근거해 해석할 수 있는 능력을 말한다.

자기 조절(Self-Regulation)

감정이나 행동을 조절하고 통제하는 능력. 자기 제어와 혼용되어 쓰이는 용어. 앞에서 설명한 집행 기능의 영역에 포함된다.

놀이의 효과는 학교에서 받아오는 성적표처럼 명쾌한 숫자로 나타나지 않는다. 그래서 대다수의 부모는 놀이가 갖는 인지·사회·정서적 측면의 긍정적인 효과를 쉽게 인지하지 못한다. 어린이와 청소년에게 놀이는 결코 시간 낭비가 아니다. 놀이는 한 사람이 성장하고 살아가는데 있어 반드시 필요한 핵심 요소이다.

2.2. 어떻게 놀 것인가?

소아 정신과 수련의 2년차 시절, 나는 늘 목요일 오후를 기다렸다. 매주 이 시간에 나를 포함한 5명의 전임의들은 각자의 놀이 치료 회기(session) 녹화 영상을 지도 전문의와 함께 시청하고 관련 내용을 토의했다. 놀이 치료는 성인을 대상으로 한 정신 치료에 비해, 비언어적 정보가 많이 포함되어 있기 때문에 비디오 녹화를 통한 교육이 필수적이었다.

우리는 아이들의 비언어적 소통 신호를 더 잘 이해하기 위해, 음소거 상태에서 녹화된 영상을 함께 시청했다. 우리는 소리가 들리지 않는 영상을 통해, 치료실을 채우는 어색한 침묵이나 아이의 자세와 시선, 그리고 치료자와의 미세한 눈빛 교환까지도 확인할 수 있었다. 초보 치료자로서 자신의 놀이 치료 현장을 타인과 공유하는 것은 부끄러운 경험이었지만, 그 과정에서 나는 많은 것을 배울 수 있었다. 특히, 실제 치료 중에 알아차리지 못했던 나를 향한 아이들의 다채로운 소통 시도들을 영상에서 재발견할 수 있었다. 치료 현장에서 내가 '다음엔 어떤 말을 꺼내야 할지' 고민하거나, '어떤 행동을 보여줘야 할지' 신경 쓰다가 놓치고 말았던 아이들의 미세한 행동들을 발견하는 것은 실로 놀라운 경험이었다.

유난히 열띤 토론이 벌어진 날이었다. 한 전임의가 녹화해 온 5세 아이의 놀이 영상을 함께 본 후였다. 그 아이는 진료실에 배치되어 있는 인형들을 이용해 꽤나 공격적인 장면을 연출하며 놀았다. 아이는 사람과 맹수 인형을 양 손에 들고 사람 인형이 맹수에게 하나씩 물어뜯기는 장면을 연출했다. 맹수에게 물린 사람 인형은 그대로 벽에 내던져졌다. 아이는 그렇게 놀이를 이끌어가면서 흥분한 듯 목소리를 높였다. 치료자를 향한 아이의 직접적인 위협은 없었지만, 영상 속 전임의는 아이에게 보다 차분한 형태의 다른 놀이를 하자고 권하고 있었다.

　　나 역시 학령기의 아이와 원격으로 진행했던 놀이 치료 중, 비슷한 경험을 한 적이 있다. 아이의 제안으로 우리는 함께 그림을 그리고 있었다. 우리는 각자의 마우스를 붓 삼아 온라인에서 실시간으로 공유되는 하얀 캔버스 위에 획을 하나씩 그었다. 나는 아이의 그림에 대한 소감을 해설하면서, 아이가 나에게 요청하는 것이 있을 때면 그 요구에 맞춰 열심히 그림을 그렸다.

　　아이는 당시 유행하던 어몽 어스(Among Us)라는 게임에 나오는 우주인 캐릭터를 그리기 시작했다. 그리고는 자신이 열심히 그려낸 캐릭터들을 다양한 방법으로 죽이는 시늉을 했다. 빨간색 붓을 집어 들고 피가 낭자한 살육의 현장을 그려냈다. 이 게임에는 실제로 캐릭터가 칼에 찔리고, 잡아먹히는 등의 잔인한 일러스트가 등장한다. 그러나, 아이가 능동적으로 피바다를 연출할 때 나는 게임 화면에서와는 다른 불편한 감정을 느꼈고, 본능적으로 아이를 멈춰야겠다고 생각했다. '이렇게 노는 것은 아이에게 좋지 않을 것'이라는 나의 선입견 때문에 아이가 이끌던 놀이는 중단되었다.

아이가 놀이에서 보이는 공격적 태도는 치료자뿐만 아니라 부모와 양육자들에게도 매우 중요한 주제다. 그렇다면, 아이가 공격적인 놀이 양상을 보일 때 양육자는 어떻게 대처하는 것이 좋을까? 아이를 빠르게 진정시킨 후 적절하게 노는 방법을 알려주는 것이 중요할까? 아니면 물리적 안전이 보장되는 한, 아이들이 공격적인 행동을 통해 들려주는 이야기에 귀 기울이는 것이 중요할까? 부모나 양육자의 입장에서는 전자의 목표를 달성하는데 우선순위를 두기 쉽다. 그런 순간에는 부모 마음속의 도덕적 신념이 경보를 울리기 때문이다. 집 밖에서 이런 공격적인 모습을 보이면 다른 사람들이 내 아이를 나쁜 아이로 보진 않을까? 공격적인 모습을 초기에 뿌리 뽑지 않으면 나중에 더 심한 폭력성이 자라나는 것은 아닐까? 놀이 치료 수련을 받기 전에는, 나조차도 그렇게 생각하는 부모였다.

양육자가 놀이에서 나타나는 아이의 공격성을 막는데 급급하면 어떻게 될까? 아이는 자신의 격한 감정이나 화를 느끼고 들여다볼 기회를 놓치게 된다. 또한, 자신의 분노나 공격성이 표출될 때 타인은 어떻게 반응하는지 스스로 체험하지 못하게 된다. 타인의 제재로 인해 아이는 순간의 강렬한 감정을 어떻게 조절할지에 대한 연습의 기회를 잃게 된다. 물리적으로 안전한 환경이라면, 공격성이라는 감정 역시 아이 스스로 '가지고 놀아볼' 기회를 가질 수 있어야 한다. 공격성은 아이들이 호기심을 갖고 들여다볼 수 있는 대상이어야만 한다. 아이 내면의 어떤 목소리가 공격적인 행동으로 나타난 것인지 아이들이 스스로 궁금해 할 수 있어야 한다.

―

아이들이 놀이 중 보이는 반칙 행동은 어떨까? 규칙이 있는 카드게임이나 보드게임을 할 때, 아이들은 종종 반칙을 저지른다. 반칙 행동은 게임의 패배에서 딸려오는 분노, 좌절, 슬픔, 시기심과 같은 부정적인 감정을 견디지 못할 경우 발생한다. 이러한 감정을 억누르고 호쾌하게 패배를 받아들이는 것은 성인에게도 어려운 일이다. 감정 조절 능력이 충분히 발달하지 않은 아이들은 반칙을 해서라도 승리를 맛보고 싶어 한다. 자존감에 상처를 입지 않기 위해, 아이들은 무의식적으로 반칙을 **방어 기제**로 사용한다. 패배가 아이들에게 가할 수 있는 충격은 우리가 생각하는 것보다 훨씬 클 수 있기 때문이다.

> **방어 기제(Defense Mechanism)**
>
> 신경 과학에서 광범위하게 쓰이는 '자기 조절' 기능과 혼용해서 쓰일 수 있는 용어. 불편한 감정을 피하기 위해 자아(ego)가 무의식적으로 사용하는 전략으로, 방어 기제를 분석하는 일은 정신 치료에서 매우 중요한 작업이다.

그렇다면 아이와의 놀이 중, 반칙 행동을 발견했다면 부모는 어떻게 해야 할까? 반칙 행동을 발견한 즉시 바로 잡아야만 할까? 내가 아이들을 키우며 직접 활용하고 있는 두 가지 방법을 소개한다.

첫째, 아이가 반칙 행동을 하는 순간, "방금 무슨 일이 일어난 것 같은데?!"라고 능청스럽게 말한다. 이 경우, 아이는 본인이 반칙을 저질렀음을 더 마음 편하게 시인할 수 있게 된다. 아이에게는 패배도 견디기 힘든 일이지만, 자신이 반칙한 것을 들켰다는 수치심 역시 받아들이기 어렵기 때문이다.

둘째, 그냥 무시하고 놀이를 지속하는 것이다. 나는 아이가 반칙 행동을 할 경우, 머리를 긁적이며 "왜 이렇게 널 이기는 게 어렵지? 허허!" 라고 말하곤 한다. 이렇게 하면, 양육자의 마음 속에서 한 번 **대사된 패배의 감정**을 아이가 경험하게 된다. 결국, 아이는 부정적인 패배의 감정이 아닌, 순화된 감정을 배우고 점차 패배를 편하게 받아들일 수 있게 된다.

> **감정의 대사(Metabolizing Emotions)**
> 감정을 소화하고 의미화하는 과정. 양육자는 자신이 느낀 감정을 아이에게 표현하게 되고, 이러한 상호 작용이 반복되면서 아이는 점차 감정에 자기만의 의미를 담는다. 즉, 부모가 한번 '대사한 감정'을 아이가 자신의 것으로 만드는 것이다.

놀이 치료 수련은 나와 내 아이의 놀이에도 영향을 끼쳤다. 첫째 아들은 두 살 때부터 나무 선로를 연결한 후 그 위에서 기차를 밀며 노는 것을 좋아했다. 특히 철도 건널목에 차량과 사람들을 이용해 아수라장으로 보이는 현장을 만들며 즐거워했다. 멀리서 기차가 달려오는 상황에서 아이는 소방차, 경찰차, 견인차량을 이용해 서로 얽혀 있는 차량과 사람들을 차례로 구하는 시늉을 했다. 아슬아슬하게 다가오는 열차와의 충돌을 피해 운행 불능 상태인 차량들을 하나씩 끌어내면서 아이는 보람찬 미소를 지었다. 그렇다고 항상 모든 차량들이 구조되는 것은 아니었다. 일부 차량들은 마지막까지 구조되지 못하고 달려오는 기차에 부딪혀 나가 떨어졌다. 아이는 놀람과 즐거움 사이 어딘가에 있을 법한 소리를 질렀다. 놀이였기에, 기차는 망가져도 고칠 수 있었고, 탈선해도 쉽게 선로 위로 다시 올라왔다. 기차에 치인 사람들도 먼지를 풀풀 털고 쉽게 일어났다. 아이는 매번 줄거리를 바꿔가며 철길 건널목에서 벌어지는 이

야기를 나에게 보여주었다.

아이의 기차 놀이에 나는 다음과 같은 원칙을 지키며 참여했다. 독자들도 어린 아이와의 놀이에서 이 원칙들을 참고하며 좋겠다.

1. 핸드폰을 내려놓고 온전히 아이에게 집중한다.

그래야만 아이가 보내는 눈빛이나 사소한 행동과 같은 비언어적인 신호를 알아차릴 수 있다. 또한, 핸드폰을 치우는 행위를 보여줌으로써 양육자는 놀이 시간이 현실과는 구분되는 시간이라는 것을 아이에게 확실히 전달할 수 있다. 이를 통해 아이는 누군가가 자신에게 시간을 내어 관심을 보이며 놀아주고 있다는 것을 분명히 알아차린다. 아이가 관심과 사랑을 받아 마땅한 존재라는 것을 행동으로 보여주는 것이 바로 놀이이다.

2. 놀이가 시작되면 놀이 규칙에 대한 전권을 아이에게 맡긴다.

놀이가 진행되는 동안 아이 스스로 연출가가 되도록 해보자. 부모가 자신만의 특정 목표를 설정하게 되면 그 놀이 시간은 지시와 비판으로 끝나게 되며, 이는 부모와 아이 모두에게 상처로 남을 수 있다. 아이가 하루 중 온전히 주도권을 갖고 생활하는 시간이 얼마나 되는지 생각해 본다면, 부모로서 마음을 다잡는 데 도움이 된다.

3. 놀이를 할 때 스포츠 캐스터 역할을 맡아 아이의 행동을 해설한다.

아이에게 질문을 던지기보다는, (스포츠 캐스터가 선수에게 경기 중 질문하지 않는 것처럼) 평서문으로 내 생각을 전달하려고 한다. "왜 블럭을 이 모양으로 쌓았어?"라고 묻기 보다는 "블럭이 지금 기가 막힌 피라미드 모양으로 쌓여져 가네!"라고 흥미롭게 해설하려고 한다. 이 과정에서 아이는 자신이 어떤 놀이를 해도 관심을 보이며 온전히 집중해주는 사람이 세상에 존재함을 깨닫게 된다.

4. 역할 놀이에 부끄러워하지 않고 참여한다.

역할 놀이에서 아이는 스스로 부모나 선생님이 되어 보기도 한다. 이 과정에서 아이는 내가 연기하는 동물, 사물을 비롯한 다양한 사람들을 만나게 된다. 상상 속에서 아이는 무궁무진한 관계의 조합을 경험할 수 있게 되는 것이다. 역할 놀이는 아이에게 타인의 다양한 감정과 생각을 안전하게 노출시킨다. 이 때, 양육자가 특정 역할을 맡았다면 평소와 구별되는 목소리를 사용하는 것이 좋다. 역할 놀이를 통해 아이는 공감력, 상상력, 이야기 구성 능력, 언어 능력 등을 발달시키는데, 특히 남성 양육자와 놀 때 언어 능력이 더 효과적으로 발달한다고 알려져 있다. 아버지와의 놀이가 특별한 이유다.

> **역할 놀이(Pretend Play)**
>
> 현실이 아닌 상황을 상상하며 역할을 수행하는 놀이. 공감 능력과 창의력 발달에 기여한다.

5. 놀이 중 나타나는 아이의 어떤 감정도 환영해 주려고 노력한다.

아이가 과한 감정을 담아 행동하면 그 감정에 호기심을 갖도록 한다. 예를 들어, 아이가 열심히 쌓은 블록을 갑자기 무너뜨리는 경우엔, "이걸 무너뜨리고 싶은 기분이 들었구나"라고 말한다. 이 때, 굳이 "열심히 쌓은 블록을 왜 무너뜨렸어?"라고 취조하듯 묻지 않는다. 양육자가 아이에게 "~하는 기분이었나 보다"라는 식의 평서문을 사용하면 아이는 '내가 어떤 기분 때문에 방금 그 행동을 했지?'하고 궁금해 하기 시작한다. 평서문은 아이에게 이야기할 수 있는 기회를 부여하면서, 동시에 굳이 대답하지 않아도 된다는 퇴로를 열어준다는 점에서 효과적이다.

2.3. 놀이는 내적 세계가 만나는 곳

아리(Aari)는 나와 매주 놀이 치료로 만나는 7살 여자 아이였다. 진료실 문을 들어오는 순간부터 아리는 역할 놀이를 시작했다. 아리는 매주 자신과 나의 역할을 미리 정해와 흥미로운 상황을 연출했다. 나는 아리와의 놀이 치료 시간을 즐겼다. 매 회기마다 '누가 누구를 치료하는 시간인가'를 고민하게 될 정도로 즐거운 시간이었다.

어느 날, 아리는 부엌 장난감을 가지고 역할 놀이를 시작했다. 아리는 엄마, 내 꼭두각시 인형 티미(Timmy)는 아들 역할이었다. 아리는 여러 재료를 썰어 다양한 요리를 준비했고, 티미 앞에는 금세 정성껏 차린 요리가 놓여졌다. 얼마 후, 아리는 티미가 편식을 한다며 날카로운 말투로 화를 내며 준비한 음식을 어서 다 먹으라고 목소리를 높였다. 나는 잠시 놀이를 멈추고 "내가 어떤 방향으로 가면 좋겠니?"라고 조용히 물었고, 아리는 "브로콜리는 아들이 안 먹는 걸로 해요. 앞으로는 저한테 물어보지 말고 선생님이 흐름에 맞춰 연기해주세요"라고 답했다.

나는 티미의 목소리로 브로콜리가 맛이 없다고 말했다. 그러자 아리는 티미를 향해 장난감 프라이팬을 던지며 "이렇게 열심히 만들었는데!"라고 소리치며 진료실 바닥에 엎드려 흐느끼는 소리를 냈다. 얼마간의 정적이 흘렀지만, 나는 무슨 일이 벌어질지 궁금해 하며 조용히 기다렸다. 길어지는 침묵에 나는 놀이를 중단하고 치료자로 돌아와 (티미를 조종할 때와는 다른, 원래의 목소리로) 아리에게 괜찮은지 물었다. 잠시 후 아리는 잠에서 깬 듯 "무슨 일 있었나요? 기억이 전혀 안 나는데요?"라며 아무 일 없었다는 듯 일어났다.

이 놀이를 통해 나는 말로는 전달될 수 없는 아리의 내적 세계를 엿볼 수 있었다. 놀이 속 엄마와 아들 사이의 갈등에서, 아리가 삶에서 경험한 부정적 감정들과 핵심 갈등을 유추해 볼 수 있었다. 강압, 분노, 실망, 그리고 잊고 싶은 상처가 연달아 등장했다. 아리는 부모 사이의 폭력과 정서적 방임을 경험한 아이였다. 아리의 부모는 맞벌이로 인해 늘 바빴고, 서로간의 갈등 때문에 아리를 정서적으로 품을 여유가 없었다. 아리는 부모 사이의 폭력을 목격한 후, 내면에서 일어난 폭풍을 홀로 마주해야만 했다.

아리의 두려움은 분노로 바뀌었고, 이는 학교에서의 공격적인 행동으로 표출되었다. 아리는 학교에서 다른 친구들이 마음에 들지 않는 행동을 할 때면 소리를 지르고 책상을 넘어뜨렸다. 학교 선생님들은 평소에는 차분한 아리가 왜 이따금씩 공격적인 모습을 보이는지 궁금해했다.

아리 내면의 부정적 감정은 놀이 중에도 드러났고, 나는 이를 멈추지 않고 지켜보았다. 결국 아리는 "기억이 전혀 안 나는데요?"라고 말하며 스스로 기억을 잊는 방식으로 놀이 중 경험한 큰 감정을 정리했다. 자신의 공격성을 자각하며 계속 놀이를 즐기는 것이 아리에게는 큰 부담이었던 것이다.

아리와의 놀이 치료에서처럼, 나는 현실에서도 아이와 놀이를 할 때는 안전이 보장되는 한 사회적 기준에 부합하는 규범과 예의를 최대한 내려놓으려고 노력한다. 아이가 안전에 위협이 될 만한 위험한 행동을 보이면, 안전한 대안을 소개한다. 예를 들면, 누군가가 다칠 수 있는 딱딱한 나무 장난감을 던지는 행동 대신, 푹신한 공을 던지거나 바퀴 달린 장난감을 미는 놀이를 제안하는 것이다. 놀이 시간 동안에는 안전이 보장되는 선에서 아이의 감정이 최대한 자유롭게 표현될 수 있도록 지켜주는 것이 중요하다.

한편, 놀이는 **전치** 상황에서 벌어지기 때문에 특별하다. 놀이 중엔 실수를 하더라도 언제든 다시 시도할 수 있기 때문에 아이는 안전함을 느낀다. 또한 아이들이 일상에서 느끼는 불안, 두려움, 연약함과 같은 감정들 역시 놀이를 통해 익숙해질 수 있다.

> **전치(Displacement)**
>
> 감정이나 충동을 원래 대상이 아닌 다른 대상에 옮겨 표현하는 심리 방어 기제. 예를 들어, 아이들은 이미 경험했거나 경험할 것 같은 사건과, 그에 딸린 감정을 놀이 상황으로 가져온다.

부모와 아이가 함께 노는 것은 유화를 그리기 전 캔버스에 젯소를 바르는 기초 작업과도 같다. 기초가 부실하면 유화 작품은 오래 보관할 수 없다. 이와 마찬가지로 충분한 놀이로 부모와 아이 사이 관계에 기초가 다져지지 않은 상태에서는 어떠한 훈육이나 조언도 효과를 내기 어렵다. 부모와 아이의 놀이를 배당금 주식에 비유하기도 하는데, 이는 놀이를 함께 할수록 아이는 부모에 대한 긍정적 감정을 '배당금'처럼 돌려준다는 의미이다. 부모와 아이 사이에 놀이의 경험이 축적되면, 배당금의 크기도 점차 커지게 된다. 또, 이후에 벌어지는 부모와 자녀간의 갈등 상황에서도 이 긍정적 감정의 배당금으로 상처 난 관계를 쉽게 봉합할 수 있게 된다.

놀이가 중요하다는 것을 이해했어도, 정작 어떻게 시작해야 할지 막막한 이들을 위해 몇 가지 간단한 놀이 아이디어를 소개한다. 아래는 **비구조화된 환경**에서 활용할 수 있는 놀이의 예

시들이다. 여기에 나온 예시는 참고 사항이며, 아이가 다른 놀이를 하고 싶다고 이끌면 부모는 거기에 맞춰 따라가면 된다.

> **비구조화된 환경(Unstructured Environment)**
> 정해진 규칙이나 목표 없이 자유롭게 상호 작용할 수 있는 환경. 창의성과 자율성을 촉진한다.

1. 노래 듣기·부르기

아이와 함께 아이가 좋아하는 노래를 불러본다. 노래에 대해 서로 어떤 느낌이 들었는지 이야기해보는 것도 좋다. 부모가 좋아하는 노래를 들려주고, 아이의 반응을 들어보는 것도 자연스러운 소통의 기회가 된다. 가사가 없는 멜로디에 아이와 함께 가사를 붙여보는 것도 좋다.

2. 책 읽기

생후 36개월부터 그림책을 함께 읽을 수 있다. 처음부터 끝까지 다 읽는 것이 목표가 아니라, 즐겁게 시간을 보내는 것이 중요하다. 다른 목표는 내려놓고, 아이가 그림을 보며 자유롭게 말할 수 있도록 한다. 아이가 원하는 속도로 페이지를 넘기고, 아이가 모를 것 같은 단어는 소리 내어 읽어준다. 글을 스스로 읽지 못하는 아이도 그림을 보며 자신만의 이야기를 만들 수 있다. "이 동물은 지금 어디로 가는 건지 궁금하네"와 같은 말로 아이의 호기심과 상상력을 자극해 보자. 책을 넘기다가 아이가 흥미를 잃으면 그만 읽어도 괜찮다. 아이가 책을 끝까지 읽었다면, 아이가 보인 끈기에 대해 칭찬해주는 것이 좋다.

3. 그림 그리기

한 사람이 종이에 무작위로 낙서를 하면, 다른 사람이 그 낙서를 바탕으로 그림을 완성하는 '끄적이기(squiggle) 놀이'를 해보자. 완성된 그림을 보며 떠오르는 이미지나 이야깃거리가 있다면 상대방과 공유하는 것도 좋다. 이는 서로의 내면 세계를 엿볼 수 있는 상당히 흥미로운 놀이이다. 아이와 나란히 앉아 함께 그림을 그리고 색칠하는 단순한 놀이도 좋다. 중요한 것은 '함께' 하는 시간과 경험이다.

4. 공놀이

아이들은 공을 주고받는 단순한 놀이에서도 많은 것을 배운다. 공놀이는 상대방과 사회적으로 연결되어 있음을 리듬감 있게 느낄 수 있기 때문이다. 공을 던져도 좋고 발로 차도 좋다. 스포츠 규칙을 엄격하게 따르지 않아도 괜찮다. 다만, 아이가 상상력을 발휘해 특정 규칙을 만들어 제시한다면 그에 따라 놀아보는 것도 좋다. 공놀이 상황에서 아이들은 긴장을 내려놓게 되므로, 마주 보고 앉아 있을 때보다 편하게 깊은 대화를 할 수 있게 된다.

놀이의 중요성이 발달 과학 및 정신 분석 영역에서 이미 충분히 증명되었음에도 불구하고, 오늘날 아이들이 자유롭게 노는 시간은 점점 줄어들고 있다. 한국에서는 영어 유치원이 성행하고, 미국의 학교들도 한정된 시간에 더 많은 수업 시간을 할당하는 추세다. 이 때문에 학생들이 자유롭게 놀 수 있는 시간은 계속 줄어들고 있다. 여기에 스마트폰과 소셜미디어(SNS)에서 넘쳐나는 즉각적이고 자극적인 콘텐츠는 능동적인 놀이를 저해하고, 사용자를 콘텐츠의 수동적 소비자로 전락시킨다.

이 책을 읽는 독자들은 매일 20분씩(10분이라도) 스마트폰을 내려놓고 자녀와 '온전히' 집중해서 놀아보는 시간을 갖길 바란다. 청소년 자녀가 있는 부모라면, 일주일에 적어도 1시간씩 아이가 원하는 활동을 함께 해보자.

배우자나 파트너와도 마찬가지다. 핸드폰을 잠시 내려놓고 같은 공간에서 함께 즐길 수 있는 활동을 하루 10분씩 해보자. 매일 노력하면, 가족 간의 관계가 더욱 깊어지고 이를 통해 인생이 더 즐겁고 풍요로워지는 마법을 경험할 수 있을 것이다.

Q 부모가 아이와 놀아주는 것이 왜 중요한가요?

A. 부모와의 놀이 경험은 아이에게 정서적 안정감을 주고, 부모와의 유대를 깊게 해줍니다. 놀이를 통해 쌓인 긍정적 기억은 위기 상황에서도 관계 회복의 자원이 됩니다. 놀이를 통해 쌓인 긍정적 경험은 부모-자녀 관계의 '감정 배당금'이 됩니다. 위기 상황에서도 이 감정 자산이 관계 회복의 기반이 되어 줍니다.

Q 놀이를 통해 어떤 사회적 기술을 배울 수 있나요?

A. 놀이를 통해 아이는 타인의 감정을 읽고, 갈등을 조율하는 방법을 배웁니다. 또한, 정해진 규칙을 따르고 타인과 협력하는 법을 익히면서 자연스럽게 사회성을 키울 수 있습니다.

Q 아이가 놀이 도중 공격적인 행동을 보이면 어떻게 해야 하나요?

A. 물리적 안전이 보장된다면, 아이가 표현하고자 하는 감정과 이야기에 귀 기울이는 것이 중요합니다. 공격성은 억제해야 할 나쁜 감정이 아니라, 아이가 탐색하고 이해해야 할 감정입니다. 놀이를 통해 아이는 자신의 분노를 인식하고, 타인의 반응을 경험하며, 자기 조절 능력을 키울 수 있습니다.

Q 놀이 중 아이가 반칙을 하면 어떻게 반응해야 하나요?

A. 반칙은 아이가 패배의 감정을 견디기 어려워할 때 나타나는 방어 기제입니다. 지적하기보다는 아이가 스스로 반칙을 인식하고 감정을 느끼게 돕는 것이 좋습니다. 예를 들어, "지금 뭔가 재미있는 일이 있었던 것 같은데?"라고 말하며 위트있게 반응하거나, 패배를 유쾌하게 받아들이는 모습을 보여주는 것도 효과적입니다.

Q 아이는 언제부터 규칙을 잘 따르면서 게임을 할 수 있나요?

A. 정해진 규칙을 엄격히 따라야 하는 카드게임이나 보드게임의 경우, 만 7세 이후에 반칙 없는 진행을 기대할 수 있습니다. 이 무렵 아이들의 정신화 능력은 빠르게 발달하며, 함께 정한 규칙을 어겼을 때 자신에게 돌아올 사회적 비난에 대한 감각 역시 자라나기 때문입니다.

Q 자녀와 함께 하기 좋은 보드게임을 추천해 주실 수 있나요?

A. 가족이 함께 할 새로운 보드게임을 고르는 과정 자체도 놀이의 일부입니다. 윷놀이, 체스, 모노폴리(Monopoly), 인생게임(The Game of Life), 블로커스(Blokus), 티켓 투 라이드(Ticket to Ride)와 같은 전통적인 보드게임 외에도, 최근 출시된 게임에 도전해 보는 것도 좋습니다. Boardgamegeek.com 에서 부여하는 규칙 난이도 기준, 2.5점 미만의 게임들이라면 가족 전체가 부담 없이 즐길 수 있습니다.

Q. 놀이 중 감정이 격해진 아이에게 어떻게 반응해야 하나요?

A. 아이가 물건을 집어 던지거나 부수는 등의 감정적인 행동을 보일 때는, "이걸 부수고 싶은 기분이 들었구나"와 같이 평서문의 형태로 방금 관찰한 행동을 말해주세요. 그 후 안전한 대안 행동을 가르쳐 주세요. 이는 아이가 안전하게 자신의 감정을 인식하고 탐색할 수 있도록 도와줍니다.

Q. 역할 놀이에서 아이가 어른에게 명령을 내리는 경우가 있어요. 괜찮은가요?

A. 매우 자연스러운 현상입니다. 아이는 놀이를 통해 권력 구조를 바꾸어 보고, 자신이 통제할 수 없는 현실을 재구성하려 합니다. 아이들은 이러한 시도를 통해 특정 과제나 행동을 성공적으로 수행할 수 있다는 자신감을 키워 나갑니다.

PART

3

자기 조절

감정 조절은 신뢰하는 사람과
함께 있을 때 자연스럽게
이루어진다.

보니 바데녹
(Bonnie Badenoch)

3장

자기 조절

3.1.  자기 조절은 인지 발달의 기반

퇴근 후 집에서의 저녁 식사 시간, 아이들이 숟가락질을 몇 번 하다 말고 소파 쿠션을 던지며 격하게 노는 장면이 눈 앞에 펼쳐진다. 소리를 지르고 싶은 충동이 일어나려는 순간, 깊은 한숨을 쉬어본다. "휴우우..."

고개를 돌리고 마음을 가다듬은 후, 아이들에게 말한다. "차분히 앉아서 밥을 다 먹어야 과일을 줄거야." 다소 부드러워진 말투로 말하자 아이들은 쪼르르 식탁으로 와서 다시 밥을 먹기 시작한다. 이렇게 또 한 번, 내 안의 화를 다스린다. 성인이 된 나조차도 아이들의 예측 불가능한 행동 앞에서는 평정심을 유지하기가 어렵다.

어린 시절, 무의식중 흘러나오는 한숨 때문에 선생님께 혼이 났던 기억이 있다. "버르장머리 없이 어디 어른 앞에서 한숨을 쉬어!" 한국에서는 윗사람 앞에서 한숨을 내쉬는 것이 예의에 어긋나는 행동으로 비춰지기 때문에, 나는 한숨을 내뱉는 것이 부적절한 행동이라고 생각했다.

한숨을 '버르장머리 없음'이라고 단정하려면, 한숨을 쉬는 행위에 상대방을 멸시하려는 강한 의도가 내재되어 있어야 한다. 그러나, 우리가 내뱉는 대부분의 한숨은 악의 없는 무의식적인 행동이다. 인간의 몸은 부정적인 감정과 긴장감이 증폭되는 상황에서, 반사적으로 한숨을 쉬게 되어 있기 때문이다.

컴퓨터가 갑자기 멈춰서는 응급상황에서 리셋 버튼을 누르듯이, 우리 몸은 그런 상황에서 소리를 지르면서 화를 내지 않기 위해 한숨을 내쉬면서 격앙된 감정을 누그러뜨린다. 이는 인간의 몸이 생리적으로 스스로를 조절하고 보호하여 생존율을 높이는 기전이라고도 볼 수 있다. 조금 과장해서 말하면, 인간에게 한숨이라는 감정 조절 기전이 없었다면 인류의 역사는 지금과는 크게 달라졌을 것이다.

심리학에서는 한숨을 좀 더 정제된 표현인 심호흡이라고 부르기도 한다. 심호흡은 단시간에 효과적으로 우리 몸의 불안과 스트레스를 줄여준다. 심호흡만으로 심리적 안정 상태에 언제든지 다다를 수 있다는 믿음이 있는 사람은 강렬한 감정과 기꺼이 마주할 수 있게 된다.

인간의 몸은 일정한 심리적 상태를 유지하기 위해 심호흡 외에도 다양한 자기 조절 기능을 갖고 있다. 이러한 기능은 다양한 상황에서 무의식적으로 작동하여, 우리가 타인과 원만

한 관계를 유지할 수 있도록 돕는다.

인간이 본능적으로 갖고 태어나는 자기 만족의 욕구는 종종 사회가 요구하는 윤리 및 규범들과 충돌한다. 인간은 살아가면서 이러한 갈등 상황에 대처하는 자기 조절 능력을 배우게 되지만, 갓 태어난 아이에게 이런 능력을 기대하는 것은 어불성설이다. 이 때문에 어린 아이들은 약간의 좌절이나 불편함에도 자주 울게 되며, 스스로 진정하는 방법을 모르기 때문에 타인의 존재를 필요로 한다.

아이가 심하게 울 때, 아이를 안아주거나 달래도 쉽게 진정하지 못하는 상황을 많은 양육자들이 경험했을 것이다. 그런 경우, 아이들은 더 크게 울면서 양육자와의 시선을 피하기도 한다. 그것은 아이가 자신을 진정시키는데 필요한 것이 당신이 아니라는 신호를 보내는 것이다. 아이가 울 때는 부모의 관심과 온기가 반드시 필요하다고 생각하기 쉽지만, 사실 신생아들은 자신의 심리적 고통을 줄이기 위해 때론 본능적으로 위와 같은 **회피 신호**를 보내기도 한다.

> **회피 신호(Disengagement Cue)**
> 신생아가 과도한 자극이나 불편함을 느낄 때 보내는 비언어적 신호. 고개 돌리기, 몸 젖히기, 밀기 등의 행동이 이에 해당한다.

신생아들은 때때로 마음의 평안을 위해 본능적으로 부모를 포함한 타인과 거리를 두려고 한다. 신생아를 둘러싼 자극과 관심이 과한 경우가 이에 해당한다. 예를 들면, 주변에 들리는 큰 소리와 같은 감각적인 신호, 소변에 가득 찬 기저귀 같은 불편한 자극, 그리고 두려움이나 지나친 흥분을 경험하는 경우를 말한다. 이런 과도한 자극 상황에서 양육자가 다가가면, 아이는 더 크게 울며 고개를 옆으로 돌리고 양육자를 밀치거나, 등을 활처럼 만들어 두 팔과 함께 온 몸을 뒤로 젖히곤 한다. 아이 스스로가 불편한 자극과 거리를 둠으로써 스트레스를 유발하는 감각의 유입을 줄이는 것이다.

　　불편한 자극을 효과적으로 피하면서 자기 조절을 하고자 하는 욕구는 신생아 때 발현해서 평생 지속된다. 이러한 욕구는 영유아기에는 회피 신호의 형태로 나타나며, 이후에는 다양한 심리적 방어 기제 형태로 변화되어 간다. 하지만 성인이 되어도 회피 신호의 일부는 그대로 남아 비언어적 신체 언어가 된다. 함께 시간을 보내고 싶지 않은 사람 앞에서는 자신도 모르게 기지개를 켠다든지, 귀를 만진다든지, 상대방의 눈빛을 피한다든지, 혹은 화가 나는 광경을 보고 손사래를 치고 고개를 돌리면서 "어휴!" 소리를 내뱉은 경험이 있진 않은가? 이것이 모두 스트레스 자극을 줄이면서 긴장을 완화시키는 인간의 무의식적인 자기 조절의 예이다.

　　이런 행동들이 외부에서 관찰 가능한 것들이라면, 인간 내면에서는 우리도 모르는 사이 심리적 방어 기제가 발동해 스트레스 상황에 대처하게 된다. 심리적 방어 기제가 무의식중에 가동되고 있기 때문에, 인간은 두려움이나 공포에 파묻히지 않고 '비교적 안정적으로' 살 수 있는 것이다. 개개인이 어떤 방어 기제들의 조합을 선호하는지는 10대와 20대를 거치면서 결정되며, 이러한 방어 기제의 조합이 개인의 '성격'을 형성하는 데 크게 기여한다. 즉, 인간의 성격은 어떤 형태로 자기 조절을 이뤄내고 내면의 불안을 잠재우는지 보여주는 지표인 것이다.

모든 방어 기제를 소개하는 것은 이 책의 범위 밖이라고 생각한다. 방어 기제 각론이 궁금한 독자는 저자의 유튜브 강의 '심리적 방어 기제: 우리는 어떤 스타일로 불안과 스트레스에 대응하나?'를 참고하면 좋겠다.

한편, **참여 신호**를 보이며 우는 아이는 양육자가 안아주며 눈을 맞추는 것만으로도 쉽게 진정이 된다. 그러나, 아이가 심하게 울고 있는 상황에서 회피 신호와 참여 신호를 일일이 구분하는 것은 결코 쉽지 않다. 양육자는 아이에게 서로 다른 두 가지 심리 상태(참여와 회피)가 존재한다는 것을 이해할 수 있으면 그것으로 충분하다. 이 지식을 기반으로 양육자는 다음과 같은 2단계 전략을 사용할 수 있다.

> **참여 신호(Engagement Cue)**
>
> 신생아가 상호 작용을 원할 때 보내는 신호. 눈 맞춤, 미소, 손 뻗기 등이 이에 해당한다.

우선, 아이가 울면 아이를 들어 눈을 맞추며 안아준다. 기저귀가 불편하거나 배고픈 것은 아닌지 먼저 확인하고, 그래도 아이가 진정하지 못한다면 다음과 같이 해보자.

조용하고 차분한 환경을 만들어 아이가 받아들이는 자극의 정도를 줄인다. 조명을 어둡게 하고 조용하고 나긋한 목소리로 아이에게 이야기하거나, 사람이 없는 조용한 장소로 이동하는 것도 좋다. 아이의 기분을 풀어주려고 과장된 표정으로 아이를 간지럽히거나, 강하게 토닥거리고 흔드는 동작은 아이를 더 자극시킬 수 있기 때문에 피해야 한다. 아이가 누워 있는 경우엔 아랫배를 천천히 쓰다듬으며 토닥거리고, 아이를 업고 있는 경우엔 아이의 눈을 맞추지 않고 허리 아래쪽을 토닥이는 것이 효과적이다. 양육자가 이렇게 대처하면 아이는 자신의 감정이 진정되는 경험을 반복적으로 하게 된다. 이런 경험이 모여 아이는 자신감을 갖고 스스로를 제어하려는 시도를 할 수 있다.

또 다른 방법은 아이가 울 때 즉시 달래려고 하기보다는 잠시 기다려 보는 것이다. 그러면 아이는 자신의 손가락을 빨거나, 애착 대상(transitional object)에 피부를 비비는 등의 적극적인 자기 제어 시도를 보인다. 아이의 울음 강도가 점점 약해지는 양상을 보이면 바로 안아주지 않고 기다려도 괜찮다.

유아기 이후에 아이들은 좋아하는 음악을 듣거나 혼자만의 공간에서 호흡을 가다듬는 등, 스스로 효과적인 자기 조절 방법을 찾고 시도해 나간다. 만일 양육자가 이러한 아이의 **자기 달램** 시도를 지속적으로 중단시키면, 아이는 스스로의 독립적인 스트레스 제어 기능을 발달시킬 기회를 잃게 된다. 어린 시절 자기 제어 능력을 잘 발달시켜야만, 학습 능력이나 사회성과 같은 고위 인지 기능 역시 잘 발달할 수 있다.

자기 달램(Self-Soothing)

유아가 스스로의 감정을 조절하고 진정하려는 행동. 손가락 빨기, 애착 인형 만지기 등이 포함된다. 자위행위도 성인기까지 지속되는 일종의 자기 달램의 한 형태로 볼 수 있다.

그렇다면 아이가 우는 것을 도대체 얼마나 지켜봐야 하는 걸까? 아쉽게도 여기엔 명확한 답이 없다. 아이마다 태생적 기질이 다르기 때문이다. 처음부터 쉽게 울음을 그치는 아이가 있는가 하면, 양육자가 도와주지 않으면 한 시간 내내 우는 아이도 있다. 중요한 것은 아이의 행동을 양육자가 어떻게 이해하고 반응하는가에 있다. 양육자의 도움 없이 아이의 울음 소리가 점차 작아진다면, 바로 진정시키지 않고 기다려 볼 수 있고, 반대로 울음이 점점 커진다면 빠른 관여가 필요하다는 뜻이다. 아이가 성장함에 따라 스스로를 진정시킬 수 있는 기회와 시간을 조금씩 늘려주는 노력이 필요하다.

수면 훈련은 아이의 자기 조절 능력이 발달하는 과정을 확인할 수 있는 좋은 예다. 보통 생후 6개월이 지나면 규칙적인 수면 패턴을 갖도록 아이를 훈련시킬 수 있는데, 이 때 정해진 시간에 조용하고 어둑한 방에 아이를 혼자 눕히면 된다. 별로 울지 않고 이내 잠드는 아이도 있겠지만, 보통 첫날에 아이는 혼자 진정하지 못할 가능성이 크다. 아이가 쉽게 진정하지 못하면 아이를 안아서 재워야 하며, 이 때 아이가 양육자에게 안길 때까지의 시간을 기억해 두자. 이후에는 매일 몇 초 혹은 몇 분이라도 아이 스스로 잠들기 위해 아이 혼자 있는 시간을 늘리는 방식으로 훈련을 진행하면 된다.

한국의 법적 성인 기준 나이는 만 19세다. 성인이 되면 스스로를 제어할 수 있는 자기 조절 능력 역시 충분히 발달할 것이라 생각하기 쉽지만, 실제로 자기 조절 능력에 관여하는 뇌의 전두엽은 만 25세까지 지속적으로 발달한다. 그리고 이 능력은 타인과의 상호 작용과 사회적 규범 안에서 발달하게 된다. 이 과정을 일컬어 **상호 조절**이라고 한다. 상호 조절은 마치 볼룸댄스(Ballroom dance)를 배우는 과정에 비유할 수 있다. 함께 춤을 추는 상대방 없이 혼자서는 볼룸댄스를 잘 출 수 없으며, 이와 마찬가지로 부모나 타인과의 관계가 완전히 단절된 상황에서 인간은 자기 조절 능력을 키워낼 수 없다.

상호 조절(Co-Regulation)

자기 조절 능력이 부족한 개인이 타인과의 상호 작용을 통해 감정·행동·심리적 상태를 조절하는 과정. 아이가 울 때, 부모가 안아주고 부드럽게 이야기하며 진정시키는 것을 예로 들 수 있다.

상호 조절의 좋은 예는 **타임아웃**이다. 타임아웃은 생후 36개월이 지나면 적용해 볼 수 있는 과학적으로 입증된 행동 교정 및 상호 조절 전략이다. 보통 아이가 폭력적이고 파괴적인 행동을 보이거나, 심한 욕설을 할 경우, 타임아웃을 사용해 볼 수 있다. 앞에 열거한 상황이 아니어도, 양육자의 철학에 따라 용인하기 어려운 상황을 추가해도 된다. 다만, 이 경우엔 양육자가 타임아웃이 적용되는 상황에 대해 아이에게 "이러이러한 행동은 우리 집에선 절대 허용되지 않아" 라고 미리 설명해야 한다.

타임아웃(Time-Out)

아이가 문제 행동을 보일때 과도한 자극을 차단하고 자기 조절을 연습할 수 있도록 돕는 방법. 일정 시간 동안 자극이 적은 공간에서 혼자 있게 하는 전략이다. 만 3세 이상의 아동이라면 적용해 볼 수 있다.

타임아웃이 적용되는 상황이 명확하게 미리 정해져 있다면, 양육자는 아이에게 "지금 의자에 가서 생각하는 시간을 갖도록 해" 라며 화내지 않고 말할 수 있다. 보통 타임아웃은 자극이 적고 TV나 장난감이 없는 공간 구석에 의자를 놓고 이루어지며, 아이는 정해진 장소에 가서 일정 시간을 보내야만 한다. 이 때, 아이의 만 나이를 분(minute)으로 환산한 시간 동안 앉아 있도록 할 수 있다. 즉, 만 3세 아이에겐 3분, 4세에게는 4분, 그리고 5세 이상에게는 5분을 권한다. 나는 아이가 앉아서 시간을 확인할 수 있도록 아날로그 타이머 시계를 사용한다. 이렇게 하면 아이에게 자기 조절 능력 뿐 아니라 시간 개념도 가르칠 수 있어 효과적이다.

타임아웃을 종료하려면, 적어도 마지막 2분은 아이가 차분한 상태로 앉아있어야 한다. 아이가 울거나 소리를 지르고 의자에서 벗어난다면, 의자로 돌아가 스스로를 진정시킬 때까지 기다려야 한다. 이후 아이가 차분함을 회복한 시점부터 다시 2분을 채울수 있도록 하자. 아이가 의자에 앉기를 거부하는 등 타임아웃 규칙 전반을 무시한다면, 타임아웃을 강제로 지속하며 실랑이를 벌이는 대신 아이가 좋아하는 활동을 일정 시간 동안 제한하도록 한다. 내 경우에는 "약속한 대로 2분 동안 잘 앉아 있을까, 아니면 오늘 하루 TV없이 지낼까?" 라고 아이에게 선택지를 주면, 아이가 전자를 택하는 것을 많이 경험했다.

타임아웃은 아이가 과도하게 흥분한 상태에서, 스스로 자기 조절을 연습할 수 있도록 설계되어 있다. 외부로부터의 자극이 적은 다소 지루한 공간에서 아이는 자신의 감정 상태를 온전히 바라보게 되고, 의자에서 벗어나기 위해 스스로를 진정시키는 연습을 하게 된다. 타임아웃은 아이뿐만 아니라 그걸 적용하는 양육자에게도 엄청난 자기 조절을 요구한다. 양육자가 미리 정해진 타임아웃 규칙을 감정에 휘둘리지 않고 일관되게 적용하는 모습을 보이면, 아이 역시 그 모습을 따라 배운다. 양육자와 아이는 타임아웃이라는 도구를 잘 이용하면서 서로의 상태를 효과적으로 누그러뜨리는 경험을 할 수 있다.

　　타임아웃이 충분한 효과를 발휘하는데 필수적인 요소 중 하나는 부모가 흥분하는 모습을 보이지 않는 것이다. 타임아웃 과정에서 물리력을 이용해 아이를 강제로 끌고 가거나 아이와 실랑이를 벌이지 않도록 주의해야 한다.

　　양육자들은 '엄격한 훈육이 아이의 행동을 더 효과적으로 교정시키지 않음'을 명심해야 한다. 양육자는 아이에게 "지금 네 잘못된 행동 때문에 잠시 생각할 시간을 갖는 거야"라는 메시지만 전달하면 된다. 타임아웃은 엄밀히 말하면 아이에게 내리는 벌이 아니라, 아이와 부모 모두 차분한 상태로 자기 조절을 경험하는 체계적인 상호 조절의 장이다. 타임아웃이 아이에게 큰 괴로움을 주지 않는 것처럼 보여도 그 효과를 걱정할 필요는 없다. 타임아웃을 일관적으로 적용할 수만 있다면, 아이에게 심리적 고통을 주지 않으면서도 아이의 폭력성과 공격성을 효과적으로 줄일 수 있다.

아이가 스스로의 감정을 잘 조절하는 사람으로 자라길 원한다면, 부모 스스로가 차분함을 유지하도록 해야 한다. 육아 중 지나치게 흥분한 상황에서는 2:2 프로레슬링 경기처럼, 다른 양육자를 태그(tag)하는 것이 효과적이다. 양육자 스스로 쉼이 필요한 시점을 인지하고 자신을 돌볼 수 있어야, 아이 역시 효과적으로 자기 조절 능력을 길러나갈 수 있다.

"이 녀석아, 좀 제발 조용히 하라고!" 이와 같이 양육자가 아이에게 윽박지른다면, 아이는 언어에 담긴 정보 자체보다 양육자의 흥분 상태를 무의식중에 받아들인다. 양육자들은 아이에게 갑자기 고함을 지르거나, 욕설을 사용하거나, 위협적인 자세를 취하거나, 폭력을 사용하는 것을 피하도록 노력해야 한다. 이러한 행동은 효과적인 상호 조절을 방해하기 때문이다.

격앙된 상태에서의 대화는 회복하기 어려운 상처를 남긴다. 배우자나 자녀들과의 소통 과정에서 감정이 점점 달아오르고 회피 신호들이 나타나고 있음을 느낀다면, 당장 싸움을 멈추고 차분해질 수 있도록 서로 돕는 것이 좋다. "잠깐, 우리 지금 적색경보 상황이다. 좀 차분해지면 다시 이야기 해보자"고 말하거나, 잠깐 동안 자리를 떠나는 것도 좋은 방법이다.

물론, 양육자도 사람이므로 그런 행동을 완벽히 막을 수는 없다. 다만, 이러한 행동이 상호 조절 측면에서 이상적이지 않음을 충분히 인지하고 같은 실수를 반복하지 않았으면 한다. 나 역시도 욱하는 마음에 아이에게 소리를 치는 경우가 있지만, 돌아오는 것은 매번 후회뿐이다. 이런 실수에 대처하는 방법에 대해서는 4장 '관계의 단절과 회복'에서 본격적으로 다룰 예정이다.

3.2. 상호 조절과 감정의 이해

현실에서 상호 조절이 어떻게 나타나는지 이해를 돕기 위해, 내가 진료실에서 경험했던 사례를 공유하고자 한다.

벤(Ben)은 초등학교 6학년이었다. 벤은 나와의 비디오를 이용한 첫 원격 진료 시간 내내 카메라를 켜지 않는 아이였다. 벤은 심한 불안 증상을 보였는데, 그것은 그의 학교 생활에도 영향을 끼치고 있었다. 벤은 학교에서도 또래 학생들과 점심 식사를 하지 않고, 모자를 깊게 눌러쓴 채 선생님과 단둘이 밥을 먹었다. 다른 사람들의 시선이 부담스러워 버스로 등교하지도 않고, 매일 먼 길을 걸어서 등하교를 했다.

나는 벤의 불안을 조절하기 위해 소량의 항우울제를 사용하면서 매주 대면 정신 치료를 진행하기로 했다. 그러나 벤의 부모는 차를 소유하지 않았고, 나를 만나러 택시를 타고 올 만큼 경제적 형편도 좋지 않았다. 벤이 병원에 오려면 대중교통을 이용해야 했지만, 불안 증세로 인해 그마저도 불가능했다. 우리는 다시 원격 진료를 지속할 수 밖에 없었다.

"오늘은 더 이상 못해요." 벤은 45분 길이로 정해진 치료 회기 중, 20여 분밖에 견디지 못했다. 벤은 치료 첫 두 달 동안 말을 거의 하지 않았다. 벤은 본인의 감정이나 생각을 타인과 공유하는 것을 어려워했고, 매번 마스크와 후드로 얼굴 대부분을 가린 채 카메라에 몇 초간 모습을 드러냈다가 곧장 사각지대로 몸을 숨기곤 했다. 벤은 타인이 자신을 바라보는 것을 매우 불편해하는 것처럼 보였다.

지지부진한 치료의 진행 상황 때문에 어느 순간부터 나 역시도 벤을 만나는 시간이 기다려지지 않았다. 벤을 만날 때마다 나 스스로 능력이 부족한 치료자라는 생각이 들었기 때문이다.

벤을 치료하는 동안 내가 경험했던 불확실성과 점점 낮아지는 치료자로서의 자존감을 다잡아 준 것은 당시 지도 전문의였던 아야렛 바카이(Ayelet Barkai) 선생님이었다. 나 혼자서는 아무리 고민해도 진정되지 않던 치료자로서의 부담감이 지도 전문의 선생님과의 만남을 통해 어렵지 않게 진정되곤 했다.

"벤이 느끼는 불안이 네게 그대로 전달되어 너 역시도 불안한 건 아닐까?" 매주 바카이 선생님과의 정신 치료 지도 시간은 상호 조절의 현장이었다. 나는 선생님의 도움으로 더 차분하게 벤의 마음 상태를 살피려고 노력할 수 있었다. 벤은 내가 생각했던 것 이상으로 큰 불안감을 느끼고 있었다. 벤에게 스스로의 감정을 질문을 통해 직면시키는 것은 그의 불안을 더 키우는 일이었다. 나는 그동안 내 사고의 틀로 벤의 상태를 왜곡해 판단하고 있었던 것은 아닌지 되돌아보았다.

벤에게 필요한 것은 심오한 무의식의 해석(interpretation)

이나 번뜩이는 상담 기술이 아니었다. 그에게 필요한 것은 타인과 단둘이 있는 시간도 편할 수 있다는 것을 경험하는 일이었다. 나는 먼저 CHA병원 사회 복지실에 요청해 벤이 매주 택시를 타고 병원에 올 수 있도록 조치했다. 벤이 진료실에 도착하면, 주제나 방식에 구애받지 않고 벤이 원하는 대로 말하고 놀 수 있는 분위기를 만들어 주었다. 나와 마주보는 상황이 생기면, 벤이 부담스럽지 않도록 내가 앉은 의자를 틀어 둘이 같은 방향을 향해 앉았다.

내 노력이 효과가 있었는지, 얼마 지나지 않아 벤은 자신의 취미인 프라모델 이야기를 꺼냈다. 벤은 자신이 가지고 있는 프라모델 중 생김새가 비대칭이거나, 불량품 조각이 섞여 있는 일반적이지 않은 것들을 특히 아꼈다. 벤은 자신마저 그 장난감들을 좋아하지 않으면 안 될 것 같다고 내게 말했다. 나는 벤에게 "생김새 때문에 사랑받지 못한다면 정말 슬프겠다"고 말하면서, 벤이 느끼고 있을 감정을 읽어내려고 노력했다.

벤은 자신이 좋아하는 프라모델에 대해 이야기하면서 간접적으로 자신의 감정 상태를 조금씩 드러냈다. 한 번 말문이 열리자 벤은 프라모델 이야기로 진료 시간을 채웠다. 중고로 어떤 프라모델을 찾고 있고, 이베이(Ebay)에서 어떤 경매에 참여하고 있는지를 이야기할 때면, 신이 나서 어깨를 들썩였다. 나는 처음으로 벤의 미소를 보았고, 동시에 회복에 대한 희망을 가질 수 있었다. 온라인 면담에서 20분을 견디지 못했던 벤은 나와 대면하는 45분의 치료 회기를 모두 채우고 집으로 돌아갔다.

　　벤은 나와 일년 동안 매주 만났다. 치료를 마치고 우리가 헤어질 즈음에 그는 학교에서 친구들과 점심을 함께 먹을 수 있었다. 또, 얼굴을 가리던 마스크를 벗고 앞머리를 넘기는 새로운 헤어스타일을 선보였다.

자기 감정을 정확하게 표현하지 못한다고 해서 벤에게 감정이 없는 것은 아니었다. 내가 치료자로서 할 수 있는 일은 벤이 자신의 감정에 대해 말할 때까지 집요하게 캐묻는 것이 아니라, "지금 네가 이런 감정을 느끼고 있겠다"고 말해주는 것이었다. 나는 벤의 입장에서 벤이 느끼는 감정에 대신 이름을 붙여 주었다. 이 과정을 통해 나는 벤에게 인간의 감정이 '한 걸음 떨어져 바라볼 수 있는 대상'이 될 수 있음을 알려주었다. 치료자로서 내가 한 일은 벤이 정신화 과정을 경험할 수 있도록 그의 감정에 호기심을 갖는 타인이 되는 것이었다.

　　정신화 기능은 효과적인 상호 조절을 가능케 한다. 즉, 특정 상황에서 서로의 생각과 감정이 다를 수 있음을 인정하고 그 다름을 이해하려는 노력을 기울일 때, 두 사람은 격앙된 감정을 쉽게 다스릴 수 있다. 벤의 사례를 소개한 이유도 이 점을 강조하기 위해서였다. 감정을 언어로 표현할 수 있으면 효과적으로 자기 조절을 할 수 있게 되며, 문제 행동을 비롯한 부정적인 형태의 감정 표출을 예방할 수 있게 된다.

두 사람이 감정적으로 격앙된 상황에서는 누가 옳은지 따지기보다는 "지금 우리 둘 다 너무 흥분해 있어"라고 말하며 그 순간의 감정에 대해 언급하는 것이 서로를 진정시키는데 효과적이다. 자신의 감정을 이야기할 때는 "나 지금 속상해"와 같이 솔직하게 표현하고, 다른 사람의 감정을 말할 때는 벤의 사례에서와 같이 '추측'의 언어를 사용하는 것이 좋다. "너는 외로웠던 거야" 보다, "너 정말 외로웠겠다"라고 말하는 것이 더 좋은 표현이다. 이러한 표현은 '나와 너의 감정은 다를 수 있지만, 나는 너의 내면을 좀 더 이해하고 싶어'라는 메시지를 포함하고 있기 때문이다. "뭐가 문제야?" 나 "대체 왜 그래?"와 같은 직설적인 질문들은 감정이 격앙된 상태에서는 효과적이지 않은 소통 방식이다.

평소 감정을 표현하는 단어를 다양하게 사용하는 사람일수록 스스로의 감정 상태 뿐 아니라 타인이 감정을 잘 조절할 수 있도록 도울 수 있다. 대화 중 상대방에게 "그 상황에서 네가 굉장히 외롭고 좌절스러웠겠다"와 같이 감정을 어루만지는 말을 듣는다면, 긴장이 풀리고 마음이 편안해지는 것을 경험할 수 있다. 나와 상대방이 함께 경험했던 감정에 적절한 이름을 붙이는 순간, 그 감정은 더 이상 두려움의 대상이 아니게 된다. '감정을 명명'하는 행위를 통해, 우리는 그 감정에 압도되지 않으면서도 그 감정에 얽힌 기억을 더 차분하게 살필 수 있게 된다. 두려움과 같은 불편한 감정을 의도적으로 회피하려고만

하면, 부정적인 감정은 개인의 내면에서 더 큰 영향력을 발휘하게 된다.

격분한	초조한	들뜬	황홀한
불쾌한	거슬리는	만족스러운	희망찬
비관적인	실망스러운	평온한	충만한
낙담한	기죽은	태평한	감사하는

<감정을 표현하는 단어들의 예>

최근 아이들이 자주 접하는 유명 서적이나 TV 프로그램을 보면, 감정을 표현하는 언어를 많이 사용하는 것을 확인할 수 있다. 미국 아이들이 많이 읽는 『윔피 키드(Diary of a Wimpy Kid)』가 좋은 예이다. 나는 이 책이 어떤 초등학교 저학년 교과 과정보다 유익하며 아이들에게 즐거움을 주는 책이라고 생각한다. 책의 주인공은 학교와 가정에서 겪은 자신의 감정을 아주 솔직하게 표현하며 일기를 써내려 간다. 책을 읽는 아이들은 주인공 아이가 자신만의 언어로 해설하는 감정의 실타래를 정신없이 쫓아가면서, 자연스럽게 다양한 감정을 언어로 표현하는 법을 배우게 된다. 양육자는 이처럼 아이들이 자신의 감정이나 생각을 말로 표현하게끔 다양한 단어들을 소개하고, 아이 스스로 자기 조절 능력을 키울 수 있도록 도와야 한다.

자기 조절은 평생의 과업이며, 타인과 함께일 때 그 효과는 극대화된다. 이는 타인과의 관계에서 개인이 차분함을 유지하기 위해서는 '우리는 서로를 필요로 한다'는 전제를 인정해야 한다는 뜻이다. 특히, 오랜 시간을 함께하는 가족 내에서 구성원 서로가 이런 믿음을 갖는 것이 매우 중요하다. 이러한 신념을 가진다면 가족끼리 서로 다투며 에너지를 소모하는 대신, 가족 안에서 마음을 진정시키고 에너지를 회복해 더 건강한 삶을 영위할 수 있을 것이다.

Q 상호 조절이란 무엇이며, 왜 중요한가요?

A. 상호 조절은 두 사람이 상호 작용을 통해 서로의 감정 상태를 조율하며 안정감을 찾는 과정입니다. 이는 치료실 뿐 아니라 부부 관계, 가족 관계 등 모든 인간 관계에서 지속적으로 일어나는 현상입니다.

Q 정신화는 무엇이며, 왜 중요한가요?

A. 정신화는 타인이 나와 다른 생각과 감정을 가질 수 있음을 이해하는 능력입니다. 상호 조절은 두 사람이 서로의 감정과 생각이 다를 수 있다는 전제를 받아들이고, 다름을 이해하려는 태도에서 시작됩니다. 상호 조절을 가능하게 해주는 것이 바로 정신화입니다.

Q 다양한 감정 어휘를 아는 것이 왜 중요한가요?

A: 감정을 세분화해 언어로 표현할 수 있을수록 자기 조절 능력이 향상됩니다. 즉, 감정 어휘를 많이 사용할수록 감정을 행동으로 바로 옮기는 대신 스스로를 효과적으로 진정시킬 수 있습니다. 인간은 진정한 상태에서야 비로소 논리적으로 생각할 수 있게 됩니다.

Q 감정을 직접 표현하지 못하는 아이에게 어떻게 다가가야 하나요?

A. 아이가 편하게 말할 수 있는 주제(예: 장난감)를 통해 감정을 간접적으로 표현할 수 있도록 유도하고, 감정에 대해 평서문으로 조심스럽게 언급하는 것이 좋습니다. "-같다", "-처럼 들린다"는 표현으로 감정을 명명해주는 것이 효과적입니다. 이는 아이가 자신의 감정을 인식하고 조절하도록 돕는 방법입니다.

Q 감정이 격앙된 상황에서는 어떻게 대화해야 하나요?

A. 차분함을 회복하는 것이 가장 우선입니다. "지금 우리 대화가 격해지고 있어"와 같이 서로 감정이 격화되고 있음을 확인하고, 모두가 차분해질 때까지 잠시 대화를 멈추고 떨어져 있는 것도 좋은 방법입니다.

Q 타임아웃은 아무 때나 사용해도 되는 걸까요?

A. 타임아웃은 양육자와 아이가 함께 미리 약속한 공격적인 행동들이 나타날 때 사용하는 것이 좋습니다. 만약, 그런 상황이 아닐 때를 대비해 두 가지 방법을 소개합니다. 첫 번째는 '무시'입니다. 예를 들면, 아이가 짜증을 내고 있을 때는 관심을 주지 않다가, 눈을 맞추면서 차분히 원하는 것을 말할 때 아이의 말을 들어줍니다. 양육자는 "이렇게 차분하게 원하는 걸 말해주니깐 너무 좋네"라고 아이에게 원하는 행동을 명확히 알려주면 좋습니다. 또 다른 방법은 '자연스러운 결과'를 경험하게 하는 것입니다. 밥을 제 때

먹지 않으려고 하는 아이가 있다면, 시간이 지나고 식은 밥을 먹도록 두는 겁니다. 이 경험을 통해 아이는 스스로 '제때 밥을 먹으면 따뜻하고 맛있게 먹을 수 있고, 그렇지 않으면 다 식어버린 밥과 맛없는 반찬을 먹게 된다'는 것을 깨닫게 됩니다.

PART

4

관계의 단절과 회복

용서는 과거를 바꾸지 못하지만,
미래에 새로운 가능성을 열어준다.

폴 보이지
(Paul Boese)

4장
관계의 단절과 회복

4.1. 관계의 단절은 불가피하다

우리는 인생에서 많은 관계의 단절을 경험한다. 상대방과의 관계가 완전히 끊어지는 단절도 있지만, 약간의 갈등이나 오해, 상처로 인해 소원해지는 경우까지 포함하면 관계의 단절은 우리가 살면서 늘 겪는 일이다. 4장에서는 관계의 단절과 회복 과정이 삶 속에서 타인과 관계를 맺는 방식에 어떤 영향을 끼치는지 설명하고자 한다. 먼저 개리(Gary)씨의 사례를 소개하겠다.

개리씨는 나와 일 년 동안 매주 만난 중년 남성이었다. 그는 우울감 때문에 나를 찾아왔고, 언제나 치료 시작 10분 전에 대기실에 나타나 야구 모자를 깊게 눌러 쓰고 앉아 있었다. 개리 씨는 나와 정신역동적 정신 치료를 진행하고 있었다. 그것은 내가 대화를 주도하며 이끌어가는 것이 아닌, 그의 마음

속에 떠오르는 말을 무엇이든 가감 없이 말하도록 요구하는 치료 방법이었다.

하루는 개리 씨가 자신의 아버지와 통화한 이야기를 꺼냈다. 그는 아버지가 자신의 상황에 전혀 공감을 못하는 사람이라며 성을 냈다. 45분 동안의 치료 시간 대부분을 아버지의 이야기로 채운 개리 씨는 치료가 끝나갈 무렵, 내게 '인지 행동치료'라는 기법에 대해 말했다. 그는 그것이 자신에게 매우 효과적인 치료가 될 것 같다고 설명했다. 인지 행동치료는 실제로 우울증 치료 효과가 입증된 방법이었다. 나는 왜 개리 씨가 아버지와의 갈등에 대해 언급한 직후 새로운 치료 방향을 제안한 것인지 궁금했다.

"아버지와의 통화 이야기를 하다가 갑자기 인지 행동 치료법에 대해 말씀하셨네요. 우리 여기에 대해 같이 생각해봐요." 내가 개리 씨에게 말하자, 그는 나를 만나러 오기 전부터 새로운 치료 방향에 대해 건의하고 싶었다고 했다.

"보통 환자가 치료 방법을 제안하면 치료자가 기꺼이 시도해 봐야 하는 것 아닌가요? 이제 보니 제가 무엇을 원하는지 관심 없는 사람이 아버지만은 아닌 것 같네요."

개리 씨는 내게 퉁명스럽게 말하고는 치료 시간을 다 채우지도 않고 진료실을 나갔다. 그는 오래전부터 인지 행동치료 기법을 자신에게 적용해보고 싶었던 것 같았다. 그러나, 오랜 시간 고민해 온 자신의 이야기에 즉각적으로 반응하지 않은 내 태도에 적잖이 실망한 것처럼 보였다.

일주일 뒤, 개리 씨는 약속된 시간에 진료실에 나타나지 않았다. 한 번도 지각을 한 적이 없었기 때문에, 나는 치료 시작 시간이 5분 정도 지났을 때 그에게 바로 전화를 걸었다. 그는 내 전화를 전혀 예상하지 못했다는 듯 꽤나 놀라는 눈치였다.

"지난 주 저와의 대화 때문에 개리 씨가 많이 실망했나 보네요. 개리 씨가 말한 대로, 인지 행동치료 기법을 적용하는 것은 어렵지 않습니다. 다만, 개리 씨가 제게 그런 의견을 주시게 된 배경에 대해 더 자세히 알아볼 필요가 있겠다고 생각했어요. 개리 씨가 마음 속에 담고 있던 생각에 대해서 더 이야기 나누고 싶었거든요."

일주일 뒤, 다시 진료실을 찾은 개리 씨는 한참을 펑펑 울었다. 그는 내가 당장 인지 행동치료를 시작하자고 말하지 않아 크게 실망했다고 했다. 그 순간 나는 그가 가진 희망을 좌절시킨 사람이었고, 개리 씨는 나와 더 이상 치료를 이어갈 수 없겠다는 생각을 했다. 그의 말을 듣는 동안, 나는 그가 지금까지 끊어낸 수많은 관계들을 상상하며 마음이 저릿해지는 것을 느꼈다.

일 년간 이어진 치료는 나의 이직 문제로 중단되었다. 어쩌면 개리 씨는 내가 곧 떠날 사람이라는 것을 느끼고 있던 걸지도 모른다는 생각이 들었다. 그는 나와의 마지막 만남에서 자신에게 전화를 걸어 주어 고맙다고 말했다. 관계를 정리하려는 자신을 붙잡아준 것처럼 느꼈기에 나와 다시 대화할 용기를 낼 수 있었다고 했다. 그는 회복의 가능성이 전혀 보이지 않는 관계에서도, 사소한 말 몇 마디로 그 관계를 회복할 수 있다는 것을 경험했던 것이다.

현실에서의 정신 치료는 교과서나 논문에 기록된 사례들처럼 깔끔하지 않으며, 오히려 다소 지저분(messy)해 보일 수 있다. 치료자와 환자는 치료 과정에서 반복적인 관계의 단절과 회복을 경험하기 때문이다. 이 때문에 치료의 성과가 지지부진하거나 오히려 뒷걸음질 치는 것처럼 보이기도 한다. 그러나, 관계의 단절은 치료의 실패가 아니라 더 큰 진전을 위한 도약의 과정이다.

육아 역시 힘들고 지저분한 과정이다. 아이들은 자라면서 짜증을 내고 떼를 쓰며 반항하기도 하고, 그 밖의 여러 문제 행동을 보인다. 대부분의 부모는 여기에 반응해 함께 소리 지르고, 애원하거나, 협박을 하기도 하고, 회유책을 쓰기도 한다. 부모가 아이의 모든 문제 행동(혹은 마음에 차지 않는 행동)을 일일이 교정하려고 하면, 부모와 자녀의 관계에는 상처만 남는다. 자녀와 시간을 보내면서 겪는 모든 갈등 상황을 없애거나 회피하는 것은 애초에 불가능하다. 부모는 갈등을 피하려고 하지 말고, 갈등 이후 자녀와의 관계를 어떻게 회복해 나갈지 고민해야 한다.

서로 연락을 하지 않고 지내는 두 사람이 있다고 가정해 보자. 이 기간 동안 두 사람의 관계는 오직 상상 속에서만 존재하기 때문에 상대방에 대한 왜곡된 판단이 생겨날 수 있다. 이처럼 개인의 마음속에 존재하는 상대방에 대한 **내적 표상**은 변화한다. 어떤 사람은 타인에 대한 확고한 생각과 믿음을 바탕으로 내적 표상을 일관되게 유지하기도 하지만, 그 믿음을 유지시키는 추가적인 정보가 없을 때는 내적 표상 역시 쉽게 변형되고 왜곡된다. 두 사람 사이에 특별한 갈등이 지속되지 않는다고 해도, 시간이 흐름에 따라 언제든 관계의 단절이 일어날 수 있는 것이다.

> **내적 표상(Internal Representation)**
> 타인과의 관계 경험을 바탕으로 마음속에 형성된 '자기'와 '타인'에 대한 심리적 이미지.

소아정신과 진료실에서는 가족 관계의 단절을 생생하게 관찰할 수 있는 기회가 많다. 성인 환자의 경우 대부분 진료실에 혼자 오지만, 소아청소년 환자들은 가족들과 함께 진료실을 찾는 경우가 대부분이기 때문이다. 환자와 가족 간의 관계가 나쁜 경우, 아이들은 함께 온 가족들에게 소리를 지르거나, 그들을 대놓고 무시하기도 한다.

관계의 단절을 상징적으로 보여주는 아이들의 이러한 문제 행동은 가족 내에서 어떤 기능을 할까? 아이들은 왜 소리를 지르고 물건을 집어던지는 것일까? 아이들이 일부러 가족들을 괴롭히려는 것은 아닐까? 부모의 훈육이 부족한 것은 아닐까?

만일 부모가 아이들이 악의적인 의도를 가지고 문제 행동을 일으킨다고 가정하면, 아이와 부모 사이의 단절된 관계는 쉽게 회복되기 어렵다. 나는 진료실 안팎에서 어린 아이들의 문제 행동을 다음에서 설명하는 두 가지 측면에서 바라보려고 노력한다. 그것이 부모와 자녀 사이의 무너진 관계를 회복하는데 효과적이기 때문이다.

첫째, 문제 행동이 아이들 스스로의 내적 갈등 상황을 쉽고 빠르게 종결하려는 시도임을 인식한다. 아이들이 문제 행동을 보일 때, 대부분의 부모는 즉각적으로 아이를 야단치면서 상황을 종료시키고자 한다. 이 때 아이는 부모에게 자신의 행동을 제지당하는 약자 혹은 피해자가 된다. 만일 이렇게 상황이 끝난다면, 아이들은 애초에 문제 행동의 원인이 된 내적 갈등을 의식하지 않아도 된다. 아이들이 자기 내면의 시기, 질투, 외로움, 지루함, 수치심, 불안, 무력감 등의 부정적인 감정을 마주하는 것보다는 부모에게 화끈하게 혼난 뒤 자신을 혼낸 부모를 비난하는 것이 훨씬 더 간단한 방법이기 때문이다. 많은 경우 이러한 과정은 아이들 스스로는 느끼지 못하는 무의식의 수준에서 일어난다. 아이들의 문제 행동을 '불편한 감정을 다루기 위한 방어 기제'로 이해해야 하는 이유가 바로 이 때문이다.

둘째, 문제 행동을 아이들이 부모와의 관계를 더 친밀하게 만들고자 하는 '유일한' 수단일 수도 있다는 점을 고려한다. 부모, 양육자, 선생님에게서 충분한 관심을 받지 못하고 자란 아이의 경우 더욱 그렇다. 부정적인 행동을 통해 끌어낸 부모의 관심도 결국 관심에 해당하기 때문이다. 이는 노이즈 마케팅 전략과도 유사하며, 악플보다 무서운 것은 '무플'이라는 말과도 일맥상통한다. 아이들은 종종 부모에게 혼나는 상황을 스스로 만들어 내면서 무관심의 상황에서 탈출하고자 한다. 이런저런 이유로 자녀에게 평소에 관심을 주지 못하는 부모도 아이가 친구와 다투거나, 크게 우는 상황에서는 즉각적으로 아이에게 관심을 보이기 때문이다.

요약하면, 아이들은 내면의 불편한 감정을 말로 표현해 타인과 공유하기 보다는, 문제가 될 수 있는 행동을 통해 자신의 감정을 표출하려는 경향을 보인다는 뜻이다. 어린 아이들이 이런 방식으로 내적 갈등을 해결하려는 방어 기제를 **행동화**라고 한다. 그러나, 이는 궁극적으로 아이 주변의 사람들이 아이의 경험보다는 아이의 문제 행동에 더 주목하게 되면서 더 본질적인 아이의 내적 갈등을 쉽게 간과하게 만든다.

자신의 생일을 기억하지 못한 친구와 며칠 동안 연락을 주고받지 않는 것도 행동화의 한 예로 볼 수 있다. 친구에 대한 서운함과 외로움의 감정을 직접적으로 표현하는 대신, 친구와의 연락을 끊는 행동을 통해 자신의 감정을 표현하는 것이다. 행동화는 아이들에게서 흔히 발견할 수 있는 방어 기제 중 하나다. 그렇기 때문에, 부모들은 이러한 행동화의 결과로 아이와의 관계의 단절을 무수히 경험할 수 밖에 없다.

행동화(Acting Out)
내면의 갈등이나 감정을 말로 표현하지 않고, 관찰 가능한 행동으로 표출하는 방어 기제

4.2. 의미를 함께 만드는 과정

에드 트로닉(Ed Tronick) 박사의 정지 얼굴(Still-face) 실험은 부모와 어린 자녀 사이에 나타나는 관계의 단절과 회복에 담긴 의미를 확인할 수 있는 좋은 사례. 실험에 참가한 부모는 아이와 마주 앉아 2분 동안 평소처럼 유쾌한 시간을 보내도록 지시받는다. 부모는 아이를 향해 웃어주고, 그런 시각적 신호를 통해 아이는 부모와의 관계가 '안전한 관계'임을 깨닫는다. 그 후, 부모는 2분 동안 어떤 말도 하지 않고 무표정한 얼굴을 유지한다. 부모가 아이의 행동이나 표정, 감정에 전혀 반응하지 않는 관계의 단절 상황을 의도적으로 연출하는 것이다.

아이들은 무표정한 부모와의 관계를 회복하기 위해 다양한 참여 신호를 보낸다. 부모의 눈을 더 열심히 쳐다보며 웃고, 여기저기 손가락질을 하며 관심을 끌기도 한다. 그러나 시간이 흐르면서 아이는 자신의 노력이 부질없음을 깨닫고 점점 불안감을 느낀다. 그리고 이내 자신에게 불편함을 주는 자극(무표정한 부모 얼굴)을 줄이기 위해 회피 반응을 보이기 시작한다. 이 때 아이는 스스로를 진정시키기 위해 일부러 시선을 다른 곳으로 돌리고, 손가락을 물거나 크게 울기도 한다.

부모의 정지 얼굴이 나타났을 때 아이는 양육자와의 관

계를 자신이 기존에 경험했던 의미나 맥락 안에서 해석할 수 없게 된다. 부모와 아이의 관계에 갑자기 새로운 의미가 부여된 것이다. 아이는 이 새로운 관계에 확신을 갖지 못하면서 이전의 규칙이 허물어지는 것을 경험하게 되고, 나아가 자기 조절에도 어려움을 겪게 된다.

2분 동안 유지되던 무표정한 얼굴이 사라지고, 양육자가 아이와의 정상적인 상호 작용을 재개해도, 아이는 처음에는 잠시 머뭇거리며 상황을 파악하고자 한다. 예측 가능하고 신뢰에 기반한 부모와의 상호 과정이 깨졌었기 때문에, 아이는 부모에게 전처럼 행동해도 좋을지 잠시 고민한다. 그러나, 얼마 지나지 않아 아이는 결국 스스로를 진정시키고 부모를 이전과 같이 대하려고 시도하게 된다. 그리고 이 과정에서 아이는 관계의 회복을 경험한다.

이 실험은 타인과 관계를 맺기 시작하는 영유아의 내면이 공동 상태에서 출발한다는 기존의 믿음을 깨뜨렸다. 아이들은 아주 어릴 때부터 얼굴 표정과 몸짓, 목소리를 통해 적극적으로 자신의 감정과 의도를 타인에게 전달하려는 본능을 지닌다. 나아가, 이에 반응하는 부모와 서로 교감하며 관계에서의 의미를 만들어 간다.

정지 얼굴 실험을 통해 확인할 수 있는 또 하나의 사실은, 부모와 아이 사이에서 상호 작용의 불일치가 매우 흔하게 일어난다는 점이다. 트로닉 박사는 이러한 감정 상태의 불일치가 전체 양육자와 아이의 상호관계 시간의 약 70% 이상에서 나타난다는 것을 밝혀냈다. 이는 곧 부모와 아이의 관계가 늘 조화롭게 조율된 상태로 유지되는 것이 아니라, 끊임없는 단절과 회복 과정에 놓여 있다는 것을 의미한다.

 따라서, 우리가 주목할 것은 이러한 불일치가 얼마나 자주 발생하는지가 아니라, 그것이 어떤 방식으로 회복되는가에 있다. 단절의 성공적인 회복은 관계를 더욱 탄탄하게 만들고, 아이의 회복 탄력성을 길러준다. 반대로, 회복 없이 관계의 단절만이 지속적으로 반복되면 아이들은 감정 조절 능력 뿐만 아니라 관계를 맺고 유지하는 능력을 키우는데 어려움을 겪게 된다.

이제 관계의 단절과 회복 과정이 갖는 의의를 잘 보여주는 토니(Tony)의 사례를 짧게 소개하려고 한다. 토니는 내가 소아정신과 수련의 시절에 시청했던 놀이 치료 영상에 등장하는 5세 남자 아이다.

 토니는 자폐 스펙트럼 장애가 의심되는 아이였다. 내가 시청한 영상은 토니의 첫 놀이 치료 회기 기록이었다. 토니는 나무 블록으로 건물을 지으며 놀고 있었다. 토니는 자신에게 천천히 다가오는 치료자에게 눈길을 주지 않았다. 치료자가 좀 더 가까이 다가가며 토니의 놀이에 대해 언급하자, 토니는 등을 돌리고 슬금슬금 치료자와의 거리를 벌렸다. 아이의 놀이 행위를 언어화하며 다가가려는 시도가 무색해지는 순간이었다. 토니는 치료자가 자신에게 다가오려는 움직임을 유해하다고 판단하고, 적극적으로 회피 신호를 보낸 것이었다. 토니와 치료자의 관계는 일시적으로 단절되고 말았다.

토니의 이런 반응에 치료자는 몸을 뒤로 젖히며 턱에 손을 가져갔다. 치료자 역시 일시적인 관계의 단절을 인지하고 무의식적으로 회피 신호를 드러낸 것이다. 그러나 자기 조절 과정을 통해 이내 마음을 진정시킨 치료자는 블록 몇 개를 자신의 앞으로 가져와 건물을 쌓기 시작했다. 치료자는 토니와의 관계에서, '토니와 놀이를 할 때는 적절한 거리를 두고 함께한다.'는 새로운 의미를 부여한 것이다.

시간이 흐르자 토니가 어깨 너머로 치료자를 힐끗 거리더니 조심스럽게 그에게 다가와 말을 건넸다. "아니, 아니! 그 블록은 그렇게 사용하는 게 아니에요. 그런 식으로 쌓으면 안 돼요." 치료자의 의도대로 치료가 순조로웠던 것은 아니지만, 나는 어느덧 토니가 치료자에게 더 가까이 다가와 말을 건네고 있다는 사실에 놀랐다. 두 사람은 블록 놀이라는 공통된 경험에 대해 함께 이야기했다. 공유할 수 있는 경험을 바탕으로 둘 사이의 관계는 새로운 국면에 접어든 것이다. 시간이 필요했지만, 단절된 것처럼 보였던 두 사람의 관계는 천천히 회복되었다.

관계의 단절과 회복은 나 역시도 가정에서 매일 경험하는 일이다. 가족 식사 시간을 다시 예로 들어보겠다. 아이들은 식사 시간에 자리를 지키라는 나와 아내의 말에 따르지 않고 거실에 가서 놀곤 한다. 첫째가 놀고 싶은 욕구를 억누르지 못하면 둘째도 이를 따라하며 신난 듯 괴성을 낸다. 아이들이 그럴 때면, 나는 화가 치밀어 오르는 동시에 '나와 아내가 부드럽게 말하면 아이들이 즉각 따라주는' 이상적인 관계에 금이 갔다는 생각에 실망스러웠다.

아이들은 식사 자리를 벗어나 재미난 시간을 보내고 돌아와도 부모가 웃으며 반겨줄 것이라 예상했을 것이다. 그러나, 나와 아내의 굳은 표정에서 드러나는 감정은 아이들에게도 고스란히 전달되었다. 그 순간에 아이들은 부모와의 관계를 재정립하게 된다. 우리 부부 역시 격앙된 상태를 가라앉히고 기존의 관계를 회복하는 데까지는 시간이 걸렸다. 이처럼, 일시적으로 와해된 관계가 회복되는 과정이 반복되면서, 아이들은 부모와의 관계가 갖는 의미를 지속적으로 수정해 나간다. 아이들은 스스로 '식사 시간에 밥을 먹지 않으면 부모님 표정이 안 좋아지고, 한동안 재밌게 놀 수 없겠구나'라고 생각하게 되는 것이다.

이러한 관계의 단절과 회복은 성인 간의 관계에서도 빈번히 일어난다. 단절과 회복 과정을 겪으면서 인간은 자기 조절 능력과 타인을 신뢰할 수 있는 능력을 발달시킨다. 이렇게 되면 자기 주변을 건강한 관계들로 채울 수 있고, 결국 삶에서 더 큰 행복을 느낄 수 있게 된다.

부모가 아이의 문제 행동을 빠르게 교정하기 위해 과한 훈육이나 벌을 가하면, 관계에 회복하기 힘든 상처를 남길 수 있다. 아이들이 밥을 제 때 먹지 않는다고 집 밖으로 쫓아냈다고 가정해 보자. 이러한 벌을 받은 아이는 다음부터는 자리를 지키면서 밥을 먹을 가능성이 크다. 그러나, 자신을 집 밖으로 쫓아내 추위와 위험에 노출시킨 부모와의 관계에 아이는 어떤 의미를 부여할까? 아이는 부모와의 관계에서 자신을 '피해자'로 기억할 뿐, 차분하게 자신의 행동을 돌아볼 수 없게 된다. 나아가 과한 벌은 아이의 마음에 복수심과 같은 왜곡된 감정을 키운다. 겉으로는 부모가 요구하는 행동을 하더라도 관계에 있어서는 복구하기 힘든 생채기를 남길 수 있다.

    자녀와의 관계에서 회복의 과정이 중요함을 이해한 부모라면, 벌을 적용하기 전에 다음의 다섯 가지 원칙들을 생각해 볼 필요가 있다.

1. 심한 벌이라고 더 효과적이지 않다.

아이들에게는 '벌을 받고 있다'는 사실 자체가 '얼마나 중한 벌을 받는가' 보다 중요하다. 반복되는 체벌이나 아이의 신체를 구속하는 심한 훈육은 부모와 자녀 사이의 관계를 돌이킬 수 없을 정도로 파괴시킬 수 있다. 부모의 말투를 엄하게 바꾸거나 정색을 하는 것만으로도 아이들에게 충분히 강한 메시지를 줄 수 있다.

2. 벌은 잘못된 행동과 직접적인 관련이 있어야 한다.

장난감으로 거실을 지나치게 어지럽히는 행동을 바꾸기 위해서는 그 장난감을 치우게 하는 것이 가장 적절한 벌이다. 놀이 공간이 어질러진 상태에서는 원하는 장난감을 빨리 찾기 힘들 뿐 아니라, 놀이 공간이 좁아진다는 것을 아이가 스스로 경험하게 하자.

3. 벌은 사회에서 통용되는 수준에서 적용해야 한다.

문제 행동을 했을 때 아이가 사회 규범이나 법에 의해 어떤 대가를 치르게 되는지를 고려해 벌을 정해야 한다. 집에서 부모에게 받는 벌이 과하면, 아이는 집에서만 문제 행동을 중단하고 집 밖에서는 오히려 더 심한 문제 행동을 일으킬 수 있다.

4. 안전을 위협하는 행동에는 타임아웃을 적용한다.

앞서 언급했듯, 아이가 폭력을 사용하거나 집에서 허용되지 않는 심한 언어를 사용하는 경우에는 타임아웃을 적용한다. 타임아웃 대상이 되는 행동 목록을 잘 보이는 곳에 붙여 놓으면 좋다. 글을 읽지 못하는 아이들에게는 그림을 그려 설명하면 된다. 타임아웃이 끝나면 부모는 어떤 앙금도 남기지 말고, 문제 행동을 보이기 전처럼 아이를 따뜻하게 대하려고 노력해야 한다.

5. 부모가 기대하는 행동을 아이에게 가르쳐주자.

아이가 문제 행동을 했을 때 벌만 주게 되면 아이는 자신이 하면 안 되는 것들에 대해서만 알게 되고 자신의 행동을 어떻게 수정해야 하는지에 대해서는 배울 수 없다. 아이가 차분해진 상태에서 부모는 아이에게 기대하는 바를 구체적이고 명확하게 전달해야 한다. "다른 사람 때리지 마"와 같은 표현보다는 "필요한 게 있으면 말로 알려줬으면 좋겠어"와 같이 대안이 될 만한 행동을 알려줘야 한다.

4.3. 관계의 회복에서 오는 희망

일상에서 단절된 관계를 회복하는 경험은 삶에 희망을 불어넣는다. 관계의 단절은 위기인 동시에 기회다. 내가 진료실에서 관계의 단절을 희망으로 전환시켰던 폴(Paul)의 사례를 소개하고자 한다.

폴은 소아정신과 전임의 시절, 나와 매주 정신 치료를 했던 고등학생이었다. 중학생 시절 최우수 학생으로 선정되었던 폴은 고등학교에 진학하면서 성적이 곤두박질쳤다. 폴은 '**주의력결핍 과잉행동장애(ADHD)**' 진단을 받았음에도, 중학생 시절에는 뛰어난 지능을 바탕으로 학업을 잘 수행할 수 있었다. 그러나, 고등학교에 진학하면서 중학생 때와는 비교할 수 없을 정도로 많은 분량의 과제 앞에서 폴의 증상은 더 두드러져 나타났다.

> **주의력결핍 과잉행동장애(ADHD)**
>
> 주의 집중의 어려움, 감정 조절의 어려움, 충동성, 과잉 행동을 특징으로 하는 신경발달장애

어느 날, 치료 시간에 폴은 부모님에 대한 이야기를 꺼냈다. 폴은 명문대를 졸업한 후 교직에 있는 자신의 부모를 깎아내리며, 자신은 절대 교직에 몸담지 않겠다고 말했다. 폴이 정신 치료를 시작한 이유는 단순히 성적이 떨어져서가 아니라, 부모에 대한 적대적이고 공격적인 언행 때문이었다.

약물 치료를 시작하면서 폴의 성적과 학교에서의 생활은 나아졌지만, 부모에 대한 폴의 원망은 줄어들지 않았다. 그는 부모와 대화하려고 하지 않았고, 작은 일에도 불같이 화를 냈다. 폴의 어머니는 아침마다 폴이 복용하는 ADHD 약을 챙겨주었는데, 폴은 어머니의 이러한 행동마저 자신의 부족함을 각인시키는 도발적인 행위로 이해했다.

얼마 지나지 않아 폴은 나와도 거리를 두기 시작했다. 그는 나와의 진료를 하루 전에 번번히 취소했다. 나는 우리 관계에 단절이 일어나고 있음을 느꼈다. 폴은 나 역시 자신의 부모와 다를 것 없는 사람이라고 받아들이는 것처럼 보였다. 폴에게 가족 치료를 권유했지만, 그는 전혀 관심을 보이지 않았다.

폴과 가족의 관계는 점점 악화되었다. 하루는 폴이 수업 시간에 스마트폰을 사용하다가 선생님에게 혼이 났고, 폴의 부모님은 이 사실을 알고 그의 휴대폰 사용을 정지시켰다. 폴은 이에 분노했고, 집에 있는 물건을 죄다 집어던지기 시작했다. 폴의 부모는 상황의 심각성을 느끼고 침실로 대피했다. 그러나, 폴의 감정은 더욱 격해졌고 결국 공구로 문을 부수고 들어와 아버지와 몸싸움을 벌였다. 몸싸움 과정에서 폴은 자신을 제압하려는 아버지의 팔에 맞아 쓰러졌고, 때마침 출동한 경찰에 의해 응급실로 이송되었다.

그 일이 있고 며칠 후, 폴이 다시 진료실을 찾았다. 폴은 평소와 달리 축 쳐진 상태로 그동안 있었던 일을 천천히 내게 말했다. 나는 폴에게서 두려움에 떨고 있는 어린 아이의 모습을 보았다. 학교에서 최우수 학생으로 인정받던 아이의 성적표가 F로 채워졌을 때 느꼈을 혼란과 두려움이 내게도 전달되었다. 실망을 감추지 않는 부모와 자신을 방치하는 것만 같은 학교 선생님들까지, 그를 둘러싼 모든 것이 그에게는 피하고 싶은 것 뿐이었다.

"폴, 네 이야기를 들으니 그동안 너 정말 무서웠겠다." 폴은 진료실에서 처음으로 눈물을 쏟았고, 나는 조용히 자리를 지켰다. 폴이 안정을 되찾자, 나는 말을 잇지 못하는 그에게 함께 음악을 듣자고 권했다. 폴은 자신이 좋아하는 노래들을 온라인에서 찾아 재생시켰고, 우리는 한참 동안 말없이 음악을 들었다. 나는 폴이 선곡한 음악에 대한 느낌을 말했고, 폴 역시 자신이 좋아하는 노래들에 관심을 보이는 내게 마음을 열어보였다. 나는 폴과의 관계가 조금씩 회복되고 있음을 느꼈다. 그 날 이후, 폴은 가족 치료를 시작하는 것에도 동의했고, 그와 부모님의 관계 역시 점차 회복되어 갔다.

환자들은 때때로 나를 의사로 대하기보다는, 그들 삶에서의 경험을 바탕으로 형성된 '타인에 대한 이미지'를 나에게 투영시킨다. 즉, 그들 마음 속 **대상 표상**을 통해 나를 바라보는 것이다. 폴 역시도 자신이 경험한 사람들과의 관계를 바탕으로 나에 대한 선입견을 갖게 되었을 것이다.

> **대상 표상(Object Representation)**
> 타인을 이해할 때 사용하는 내면의 이미지나 기대치. 어린 시절 부모나 중요한 인물과의 경험이 이러한 표상을 형성하며, 이는 이후 타인과의 관계 및 유지에 영향을 미친다.

  진료실에서 치료자와의 관계를 회복하는데 성공한 환자는 일상에서도 타인과의 관계를 회복시킬 수 있다는 희망과 자신감을 얻는다. 작은 회복의 경험이 일반화되는 과정은 꼭 치료 환경에 국한되는 것만은 아니다. 가정에서도, 양육자와의 관계에서 회복을 경험하며 자란 아이들은 사회에서 마주할 관계의 단절을 복구하는데 필요한 신념과 기술을 갖게 된다.

―

사회적 존재인 인간은 필연적으로 관계의 단절을 피할 수 없다. 따라서 우리는 관계가 단절된다는 사실에 좌절할 것이 아니라, 깨진 관계를 함께 회복하는 방법을 찾는데 집중해야만 한다. 그렇다면 우리는 살면서 경험하는 여러 관계의 단절 상황에 어떻게 대처하는 것이 좋을까? 다음의 몇 가지 방법을 소개한다.

1. 관계의 단절이 일어났음을 빨리 인정하자.

보통 갈등 상황이 생기면, 그 책임이 누구에게 있는지를 따지게 되는 경우가 많다. 예를 들어, "네가 OO해서(혹은 너 때문에) 지금 이렇게 된 거잖아"와 같이 말하는 경우다. 이 때, 즉각적으로 갈등 상황에 반응하기보다는 잠시 물러나 관계의 단절 자체를 두 사람이 함께 바라보는 것이 중요하다. '지금 우리 사이에 무슨 일이 벌어지고 있는 거지?' 라고 생각하면서 관계의 단절이 일어났음을 인정해야 한다. 단절에 대한 진단이 빨라질수록, 회복의 속도 역시 빨라진다.

2. 차분함을 유지하자.

갈등 초기 흥분 상태에서는 쉽사리 마음을 추스르기 어렵다. 관계의 단절을 인지했다면, 우선 서로가 차분해질 수 있도록 도와야 한다. 어떤 사람은 잠시 혼자 있는 것을 선호할 수도 있고, 심호흡이 필요한 사람도 있다. 효과적인 자기 제어 방법은 개인마다 다르지만, 이 차이를 이해하고 존중해야 한다. 단, 갈등에서 오는 고통을 빨리 해결하고자 술이나 약물에 의존하려고 해선 안 된다. 관계에서 장기적으로 더 큰 문제를 일으킬 수 있기 때문이다.

3. 상대방에 대한 혐오 표현은 삼가자.

갈등 상황에서 감정에 휩쓸려 상대방을 인격적으로 비난하는 일은 피해야 한다. 상대방에 대한 혐오 표현이나 인신 공격적인 발언은 관계를 회복하기 어렵게 만든다. 부정적인 감정들은 시간이 지나면 자연스럽게 누그러진다는 것을 명심하자. 심한 욕이 나올 것 같은 화를 느낀다면 잠시 혼자만의 시간을 갖고 마음을 진정시키자. 그 후, '어떻게 하면 이 기회를 통해 우리가 더 가까워질 수 있을까'라는 질문을 서로에게 던지며 대화를 이어가자.

4. 타인의 실수에 너그러워 지자.

타인을 '나쁜 사람'이 아니라 '좋지 않은 결정'을 내린 사람으로 바라보자. 우리는 관계의 회복을 위해, 상대방의 실수를 용서할 수 있어야 한다. 물론 이것이 물리적인 폭력이나 지속적인 정서적 학대를 가하는 상대방도 용서해야 한다는 의미는 아니다. 자신이 생각하는 핵심 가치를 지키는 선에서 베푸는 타인에 대한 양보와 관용은 관계 회복을 돕는다.

5. 관계는 오답 노트를 함께 써가는 과정이다.

두 사람이 갈등을 회복하고 더 가까워졌다면, 그것이 어떻게 가능했는지를 함께 복기해보자. 그 방법이 효과적이었다면, 같은 상황이 벌어졌을 때 다시 그 방법을 활용해볼 수 있다. 특히, 부모와 자녀 사이에서는 자녀에게 "다음에 비슷한 일이 있으면 어떻게 하면 좋을까?"와 같은 질문을 던지고, 아이가 스스로 실수를 만회할 방법을 떠올릴 기회를 주는 것이 중요하다.

6. 평소의 즐거운 경험들이 관계의 회복을 돕는다.

긍정적인 경험을 폭넓게 공유한 두 사람은 일시적으로 관계가 단절되어도 비교적 쉽게 회복을 향해 나아갈 수 있다. 부모-자녀 관계에서 놀이의 중요성을 설명한 것도 그런 이유에서다.

7. 아이들은 놀이를 통해 관계의 회복을 연습한다.

아이들은 놀이 과정에서 규칙을 정하고, 바꾸고, 때론 어기면서 자연스럽게 관계의 단절과 회복을 경험한다. 누군가가 규칙을 어겨 갈등이 생기거나 예상치 못한 물리적 충돌이 일어나기도 하지만, 이러한 과정 속에서 아이들은 관계의 단절을 경험하고, 회복을 위한 다양한 전략들을 연습하게 된다.

Q 왜 관계에서 갈등이나 단절을 피하기 어려운 건가요?

A. 사람마다 서로 다른 욕구, 기대, 상처를 가지고 있기 때문에, 관계에서 갈등과 단절이 생기는 것은 자연스러운 일입니다. 그것이 당연한 일임을 받아들이고, 어떻게 극복할 수 있을지 고민하는 것이 중요합니다. 단절은 고통스럽지만, 관계를 되돌아보고 회복할 수 있는 기회를 주기도 합니다. 단절을 인정하고 관계 회복을 시도하는 과정에서 오히려 관계가 더 깊어질 수 있습니다.

Q 관계를 회복하려고 할 때 가장 필요한 것은 무엇인가요?

A. 단절이 일어났다는 사실을 인정하는 것이 중요합니다. 갈등의 원인을 따지기보다는, "지금 우리 사이에 무슨 일이 벌어진 걸까?"라는 질문을 던지며, 단절을 함께 받아들이는 것이 회복을 향한 첫걸음입니다.

Q 정신 치료 과정이 '지저분하다(messy)'는 말은 무슨 뜻인가요?

A. 치료자와 환자 사이에도 단절이 생기고, 때로는 회복되지 않기도 합니다. 문헌에서 접하는 깔끔하게 정리된 사례와는 달리, 실제 현장에서 이루어지는 치료는 훨씬 덜 정제된 상태로 진행됩니다. 그러나 그 과정에서 더 깊은 회복과 관계의 변화가 일어나곤 합니다.

Q 아이들의 문제 행동이 부모와 가까워지고 싶다는 신호일 수 있다던데요?

A. 맞습니다. 아이들은 때로 부정적인 방식으로라도 부모의 관심을 받고 싶어 합니다. 혼이 나더라도 관심을 받으려는 욕구 때문입니다. 무작정 아이의 문제 행동을 벌하기보다는 아이를 이해하는 출발점으로 문제 행동을 바라보면 어떨까요?

Q 일상에서 아이들은 어떻게 관계 회복을 배워가나요?

A. 아이들은 타인과의 놀이를 통해 자연스럽게 관계의 단절과 회복을 연습합니다. 놀이를 통해 다투고 화해하는 과정을 반복하면서, 자신만의 관계 회복 전략을 익혀갑니다.

Q 잘못된 체벌은 어떤 문제를 일으킬 수 있나요?

A. 심한 체벌을 받은 아이는 벌을 받는 이유보다, 부모와의 관계에서 받은 상처를 더 오래 기억합니다. 아이는 복수심을 키우거나, 겉으로는 순응하면서도 속으로는 부모를 신뢰하지 않게 될 수 있습니다.

PART

5

의존과 독립

안정적인 애착을 경험한 아이는
양육자의 마음을 내면에 깊이 새긴다.
나아가 자신이 사랑받기 충분한
소중한 존재라는 믿음을 키워 나간다.

제레미 홈스
(Jeremy Holmes)

5장

의존과 독립

 **5.1. 애착이라는 완벽한 의존**

애착 이론은 왜 인간이 타인에게 의존하려는 욕구를 가지는지 설명해준다. 해리 할로우(Harry Harlow) 박사는 레서스(Rhesus) 원숭이 실험을 통해 애착 이론의 기반을 다졌다.

> **애착(Attachment) 이론**
> 인간이 생존과 안정을 위해 타인과 형성하는 정서적 유대에 관해 연구한 이론. 존 볼비(John Bowlby)와 메리 에인스워스(Mary Ainsworth)에 의해 체계화됨.

이 실험에서 새끼 원숭이들은 태어난 직후 어미 원숭이와 분리된다. 어미와 떨어진 새끼들은 어미 원숭이의 역할을 대리하는 장치들과 함께 놓인다. 원숭이 우리 한쪽에는 철사를 엮어 어미 모양을 만들고, 우유가 담긴 젖병을 달아 모유 공급을 연출했다. 우리 반대쪽에는 철사를 엮고 그 위에 천을 둘러 어미의 털 촉감을 재현한 대신, 젖병은 달지 않았다. 새끼 원숭이는 어떻게 행동했을까?

원숭이들은 두 장치 중 우유가 나오진 않지만 천을 둘러 어미의 털 촉감을 재현한 쪽에 가서 안겼다. 그들은 배고플 때만 우유가 나오는 쪽을 찾았다. 원숭이는 우유로 열량을 섭취하는 것보다 어미의 털에 몸을 부대끼는 것을 더 선호했다. 새끼 원숭이는 본능적으로 그렇게 행동하는 것이 생존에 더 유리하다는 것을 알았던 것이다. 그들은 그곳을 안전한 기지로 인지했다. 철사 대리모와만 지내게 한 경우, 새끼 원숭이들은 심리적 고통을 더 자주 표출했고, 다른 원숭이와 어울리는 것을 힘들어했으며, 스스로를 더 고립시켰다.

이 원숭이 실험을 접한 후, 나는 애착(愛着)으로 번역된 Attachment를 '부착(附着)'으로 해석하는 것이 더 적절한 것은 아닌지 생각했다. 할로우의 실험에서 밝혀진 것은 어미의 주관적인 사랑(愛)의 감정보다 물리적 부대낌의 중요성이었기 때문이다.

내가 아이 둘을 키우면서 직접 경험한 인간의 인생 초기 '부착' 욕구는 할로우 박사의 원숭이 실험에서 확인한 것과 크게 다르지 않았다. 아이들은 부모에게 물리적으로 밀착하려는 본능을 숨기지 않았다. 그것은 누구에게 배운 것이 아닌, 유전자에 새겨져 발현된 행동이 분명했다. 내가 거실 바닥에 누워 있을 때면 아이들은 자연스럽게 내 등이나 배 위에 올라타고, 앉아 있을 때면 다가와서 무릎 위에 앉곤 했다. 한밤중 잠에서 깨면 안방 침대로 올라와 몸을 밀착시켜 눕거나, 화가 나거나 속상해서 진정되지 않을 때면 울면서 "안아줘"를 외치기도 했다.

걸음마를 시작한 아이들이 세상을 향해 나아가는 때에 아이들에게는 **안전 기지**가 필요하다. 이 무렵 어린 아이들은 신대륙을 찾아 망망대해로 출항하는 배와 같다. 배가 먼 바다로 나아가기 위해서는 안전한 항구가 필요하고, 정박을 하지 않고서는 필요한 물자를 비축할 수 없다. 이와 마찬가지로, 아이가 집밖의 세상으로 자신감 있게 나아가려면 부모의 곁에서 심리적으로 충전할 수 있는 충분한 시간과 환경이 뒷받침되어야 한다. '부착' 욕구가 충족되고 양육자에게 온전히 의존할 수 있는 상황에서, 아이들은 용감하게 세상을 탐험할 수 있다.

> **안전 기지(Secure Base)**
>
> 아이가 세상을 탐험할 수 있도록 심리적 안정감을 제공하는 양육자의 역할. 아이는 불안하거나 위협을 느낄 때 이 기지로 돌아와 안정을 찾고 심리적인 충전을 한다.

양육자가 아이에게 제공하는 '안전 기지'는 아이들의 불안을 잠재우고 정서적 발달을 돕는다. 인간이 홀로 불안을 마주하고 잠재우기 위해서는 인지 기능, 그 중에서도 집행 기능이 발달해야만 한다. 그런데 인간은 적어도 만 6세가 되어야 주변 상황이 불안을 야기할만한 환경인지 아닌지를 논리적으로 판단할 수 있게 된다. 그 전까지 아이들은 불안에 논리적으로 대응하기 어렵다. 이 때문에 '침대 밑에 괴물이 존재하는 것은 아닌지' 두려워하며 부모에게 크게 의지하곤 한다.

그래서 이 시기의 아이들을 양육할 때, 부모는 논리와 설명보다는 오감에 의존하는 것이 더 효과적이다. 아이는 양육자를 안을 때의 느낌(촉감), 나긋하게 들려오는 목소리(청각), 자신의 좌절에 공감하면서도 너무 압도되지 않는 표정(시각) 등을 통해 불안 상황을 극복한다. 즉, 아이는 혼자일 때보다 양육자와 함께 있을 때 불안 상황에서 자신을 더 쉽게 제어할 수 있으며, 이는 앞장에서 언급한 상호 조절과도 같은 맥락이다.

아이가 울면서 다가올 때, 부모가 기꺼이 자신의 품을 내어 주어도 아이는 결코 버릇 없어지거나 연약해지지 않는다. 힘들 땐 언제든지 부모에게 의존할 수 있는 환경은 아이의 정서적 발달을 촉진하며, 그러한 경험은 성인이 되어서도 독립적인 삶을 영위할 수 있는 바탕이 된다. 자신을 따뜻하게 안아주고 다독여준 부모의 시선과 몸짓을 경험한 아이는 성인이 되어서도 그와 비슷한 '느낌'을 주는 환경에 친숙함을 느끼고, 그런 감정을 느끼게 하는 사람들에게 무의식적으로 끌리게 된다.

'이 사람한테 끌리는데 이유를 설명할 수가 없네.'

'그 사람과 만나면 왠지 모르게 편하다.'

인생 초기 양육자에게 밀착되어 안정감을 느낀 경험은 구체적인 기억이 아니라 말로는 설명하기 힘든 '느낌'으로 남는다. 뇌에서 기억을 저장하고 회상할 수 있는 능력인 **서술 기억**을 담당하는 영역이 만 3세 이후에 발달하기 때문이다. 그래서 인생의 첫 2~3년 동안의 애착 경험은 해마와 같이 특정한 공간이 아닌, 광범위한 뇌 영역에 퍼져 저장되어 **암묵 기억**이 된다. 자전거 위에서 어떻게 균형을 잡고 넘어지지 않는지 구체적으로 설명하지 못하는 사람도, 자전거에 오르면 몸이 스스로 반응해 핸들과 페달을 조작하는 것도 이와 비슷한 원리이다.

서술 기억(Declarative Memory)

사건이나 사실을 회상하여 언어로 설명할 수 있는 기억.
만 3세 이후부터 본격적으로 발달한다.

암묵 기억(Implicit Memory)

언어로 설명할 수 없는 무의식적인 느낌과 감각 형태의 기억. 생후 수년간의 애착 경험은 뇌 전반에 저장되어 암묵 기억의 형태로 보존된다.

소아정신과 수련을 시작하기 전까지만 해도 나는 '어차피 아이는 이 시기를 기억할 수도 없으니, 밥 잘 먹이고 더위와 추위로부터 잘 보호해 주면 되겠지.' 라고 생각했다. 아이가 아주 어릴 때는 아이에게 안전한 환경과 생존을 위한 의식주를 제공하는 것이 부모로서 충분한 역할을 하는 것이라고 믿었다. 그러나, 애착 이론을 배운 뒤 나는 아이와 나 사이 '부착'의 경험이 이 시기에 필수적임을 깨달았다. 언어를 매개로 한 기억이 존재하지 않는 이른 나이에 아이들이 '완전한 의존'을 충분히 경험해야, 성인이 되어 진정한 물리적·정서적 독립을 이루어낼 수 있다.

5.2. 마음 속에 간직되는 관계들 : 대상 관계

케인(Kane)은 내가 수련의 시절 만난 청소년 환자였다. 그의 아버지는 약물 중독 문제와 사투를 벌였다. 케인은 중학생 시절 내내 병원과 재활 시설을 오가는 아버지를 지켜봐야 했다. 그는 아버지가 왜 가족 대신 약물을 선택해야 했는지 이해할 수 없었다. 케인의 어머니는 남편의 중독 문제를 케인이 가까이에서 경험하는 것을 원하지 않았기 때문에 그를 사립 기숙 학교에 보냈다.

케인이 나를 찾아온 것은 기숙 학교에서 퇴학 통보를 받고 집에 돌아온 후였다. 케인은 대화할 때 또래에 비해 다양하고 수준 높은 어휘를 구사했고, 자신의 생각을 논리적으로 말할 줄 아는 똑똑한 학생이었다. 그런 케인이 학교에서 퇴학당한 이유는 두 가지 사건 때문이었다.

그는 기숙사에서 코로나 바이러스 방역을 위한 마스크를 써야 하는 학칙을 어긴 일로 1차 학사 경고를 받았다. 이후 케인은 수업에 나타나지 않았다. 자신을 밀고한 학우와 함께 수업을 듣고 싶지 않았기 때문이었다. 수업에 들어가지 않고 기숙사에 있던 케인과 그 학생이 마주쳤을 때, 케인은 치밀어 오르는 분노를 이기지 못하고 주먹을 휘둘렀다. 이 사건으로 학사 경고가 누적되면서 케인은 퇴학을 당했다.

집으로 돌아온 케인은 가족과의 교류 없이 홀로 방에서만 시간을 보냈다. 학교 수업도 원격으로 이루어졌기 때문에 케인은 매일 저녁 헬스장에 갈 때만 방에서 나왔다. 부모에게 차로 태워달라고 부탁하는 것이 내키지 않아, 그는 찻길을 따라 편도 45분을 걸어 헬스장에 다녔다. 케인은 하루 2시간씩 운동을 하며 몸을 키웠는데, 그래야만 또래 친구들에게 인정받을 수 있다고 생각했기 때문이었다. 운동을 마치고 집에 돌아오면 몸이 피곤한 탓에 학교 숙제를 마무리하지 못하고 잠이 들었다. 성적이 나빠지는 것은 당연한 일이었다.

첫 만남에서 내가 아버지의 약물 사용에 관한 질문을 했을 때, 케인은 "자신은 죽을 때까지 절대 약물에 손을 대지 않을 것"이라고 말하며, 그것이 아버지와 자신을 가장 확실히 구분 짓는 방법이라고 설명했다. 케인은 자신의 아버지를 '게으르고 나약하며 자기 제어를 하지 못하는' 사람으로 규정했다. 헬스장에서 단련한 근육은 아버지와 차별되는 자신의 근면함을 증명할 수 있는 시각적 증거였다. 그러나, 케인은 아버지로부터 멀어지기 위해 투자하고 있는 시간과 에너지 때문에, 자신의 인간 관계와 학교 생활이 무너지고 있다는 것을 깨닫지 못했다.

누군가를 증오해서 그와 완전히 반대로 살려고 하면 할수록, 그 증오의 대상과 더욱 끈끈하게 엮이게 된다. 의도적으로 반대 행동을 할수록, '무엇으로부터' 반대로 살고 있는지가 더욱 명확해지기 때문이다. '코끼리를 생각하지 말라'고 주문하는 순간, 더욱 코끼리를 생각하게 되는 것과 같은 맥락이다. 누군가로부터 독립하는 유일한 방법은 자기 내면의 주체적인 동기에 따라 사는 것이다. 비록 그 과정에서 자신이 증오하는 사람과 자신의 부분적인 공통점을 발견하게 될지라도 말이다.

케인은 자신에게 소홀했던 아버지와의 경험으로 인해, 타인에 대해 큰 믿음이나 기대를 품을 수 없었다. '상대방은 나를 그렇게 중요하게 여기지 않아. 그들은 나보다 더 중요한 일이 생기면 언제든 나를 팽개칠거야.'

이처럼, 개인이 삶에서 경험한 관계들을 기반으로 타인(대상, object)에 대해 일반적으로 갖게 되는 믿음 체계를 **대상 표상**이라 부른다.

케인은 나에게 "선생님은 어차피 몇 주 있으면 다른 데로 이직 하잖아요"라든지, "진료 끝나면 내 얘기를 그만 들어도 되니 좋겠네요"와 같은 말을 자주 했다. 케인은 이런 발언을 통해 나를 자신의 대상 표상에 맞아 떨어지는 존재로 만들고자 무의식적인 압력을 행사했다.

나아가 케인은 '나는 타인에게 사랑받지 못하고 버려질 존재야. 그렇게 버려지지 않으려면 내가 가치 있다는 것을 항상 증명해야 해'와 같은 스스로에 대한 특정한 믿음을 키워 나갔다. 이와 같이 개인이 많은 관계를 경험하며 자신에 대해 스스로 갖게 되는 믿음이 **자기 표상**이다. 개인의 내면에 존재하는 자기 표상과 대상 표상을 포괄하는 용어가 **대상 관계**인데,

이 대상 관계는 성인이 된 이후에도 다양한 관계를 경험하며 역동적으로 변화한다.

대상 표상(Object Representation)

타인에 대해 개인이 갖는 무의식적 믿음이나 기대.

자기 표상(Self Representation)

자신에 대해 스스로가 갖는 무의식적 믿음과 기대치.

대상 관계(Object Relations)

한 개인이 내면에 형성한 자기나 타인에 대한 믿음이나 이미지. 대상 관계는 인생 초기 양육자와의 상호 작용을 통해 형성되며, 이후의 인간 관계, 사회 규범, 문화, 종교를 경험하며 지속적으로 변화한다. 앞에서 언급한 '내적 표상' 과 혼용해서 사용하는 용어이다.

케인의 아버지는 케인이 어릴 때부터 마약을 구하러 다니느라 늘 그의 곁에 없었다. 케인이 기숙 학교에 보내진 뒤에는 그의 어머니 역시 케인과 떨어져 지냈다. 케인 주변에는 자신이 힘들다는 것을 마음 편히 털어놓을 사람이 없었던 것이다. 케인은 자신의 외로움을 숨기고 더 강해 보이기 위해 열심히 몸을 단련했지만, 내면의 외로움은 더 커져만 갔다. 케인에게 필요한 것은 지지와 동행이었다.

"케인, 네 이야기를 들으니 혼자서 정말 외로운 싸움을 해왔던 것 같구나." 누구도 알려고 하지 않던 자신의 감정이 공감 받았다고 느낀 순간, 케인은 눈물을 쏟았다.

얼마 후, 나는 직장을 옮기면서 케인과 작별 인사를 했다. 시간이 흐른 뒤, 케인의 치료를 이어받은 동료에게서 그가 새 학교에 잘 적응했고, 부모와의 관계 역시 조금씩 나아지고 있다는 소식을 들었다.

자기 표상과 대상 표상은 개인이 삶에서 경험한 재료로 만들어지는, 자신과 타인을 바라볼 때 꺼내 쓰는 안경과도 같다. 케인이 학교에서 퇴학을 당하고, 학교 과제를 제때 해내지 못했던 것은 부적응적인 대상 표상 때문이었다. 내면의 대상 표상을 바꾸려면 타인과의 관계에서 새로운 **교정적 경험**이 필요하다.

나는 진료실에서 케인이 나와의 관계를 경험하며 새로운 대상 표상을 갖도록 도와야 했다. 좋은 관계가 갖는 힘은 강력하며, 이것은 진료실 내에서만 국한되지 않는다. 다른 사람과 맺는 안전하고 상호 지지적인 관계는 인간이 행복을 느끼는데 반드시 필요한 요소다. 이 사실은 하버드 의과대학 로버트 월딩어(Robert Waldinger) 교수의 저서 『굿 라이프(The Good Life)』에도 자세히 기술되어 있다.

양육자는 자녀의 대상 표상이 형성되는 과정에서 중요한

역할을 한다. **양육자의 가용성**, 말, 행동, 표정 모두가 아이의 대상 표상 발달에 기여한다. 그 외에도 사회의 관습과 법 체계, 종교 등이 대상 표상 발달에 영향을 미친다.

> **교정적 경험(Corrective Experience)**
> 기존의 부정적인 대상 관계를 변화시키는 새로운 긍정적 관계 경험.
>
> **양육자의 가용성(Parental Availability)**
> 양육자가 자녀 곁에 머물며, 자녀의 감정 상태에 민감하게 반응할 수 있는 상태. 이는 건강한 대상 표상 형성에 핵심적인 요소이다.

지속적으로 서로를 비난하며 싸우는 부모를 보며 자란 아이는 '상대방은 나의 약점을 지속적으로 찾아내고 공격할 거야'라는 대상 표상을 갖게 될 가능성이 크다. 이러한 대상 표상을 가진 사람은 친밀한 관계에서도 자신의 취약함을 공개하는 것을 꺼리게 되며, 결과적으로 신뢰를 기반으로 한 인간적 연결을 경험할 수 없게 된다.

관계의 회복을 경험하며 자란 아이는 '나는 깨진 관계도 회복시킬 수 있는 사람'이라는 자기 표상을 갖게 된다. 또한, '상대방은 일시적으로 나와 멀어졌더라도, 관계 회복을 바라고 있을 것이다'는 대상 표상을 발달시키기 때문에, 대인 관계에 대한 자신감과 희망을 갖게 된다.

많은 부모들이 자녀가 자신의 말에 온전히 따라줄 것을 기대하는 동시에, 자녀가 19세가 되는 즉시 독립적으로 사고하면서 창의적이고 진취적인 사람이 되길 바란다. 그러나, 부모의 말을 고분고분 따르기만 한 아이는 무의식중에 '내가 진정으로 원하는 것을 요구하면 상대는 나를 싫어할 거야'와 같은 믿음을 갖게 된다. 이러한 대상 표상은 성인으로서 자신의 목소리를 내고, 필요한 것을 당당하게 요구하는 것을 막는다.

자녀가 창의적이고 진취적인 사람이 되기를 바라는 양육자라면, 청소년 자녀가 부모와 다른 목소리를 내기 시작할 때 이를 '반항'이 아닌 '주체적 자기 표현'으로 바라볼 필요가 있다. '다른' 목소리는 '틀린' 목소리가 아니다. 다른 목소리를 존중하고 경청하는 부모의 모습을 통해 아이들은 대상 관계를 더 입체적이고 유연하게 발달시킬 수 있게 된다.

5.3. 대상 관계 통해 살펴보는 육아의 원칙

인간은 의존과 독립이라는 상반된 욕구를 동시에 지니고 태어난다. 어린 시절에는 보호자에게 의존해 생존을 도모하고, 성장하면서 점차 독립을 추구하게 된다. 특히 청소년기 이후에는 독립 욕구가 급격히 커지는데, 이를 심리학에서는 **이차 개별화**라고 부른다.

> **이차 개별화(Second Individuation)**
> 청소년기 이후, 자아가 신체적·정신적으로 독립을 추구하며 부모로부터 심리적 거리감을 형성하는 과정. 건강한 성인으로서 자율성과 자기 정체성을 형성하는데 중요한 역할을 한다.

그러나, 오늘날에는 이러한 개인의 독립 실현이 점점 더 어려워지고 있다. 주거비 상승, 취업난, 결혼 연령의 증가 등으로 인해 성인 자녀가 부모와 함께 사는 기간이 길어지고 있다. '캥거루족', '부메랑 세대'와 같은 용어는 이러한 현상을 잘 드러내는 말이다. 자녀가 독립적인 인격체로 성장하는 과정을 지연시키는 오늘날의 상황은 부모와 자녀 모두에게 많은 에너지를 소비하도록 요구한다. 또한, 부모가 성인이 된 자녀에게 점점 더 오래 영향력을 행사하는 상황이 연출된다. 자녀에 대한 부모의 영향력은 단순히 경제적 측면과 물리적 보호 차원을 넘어, 뇌 발달과 정서적 건강에 이르기까지 이전과는 비교할 수 없을 정도로 커졌다. 이런 상황에서 부모는 어떻게 대처하는 것이 좋을까?

인간 뇌는 양쪽 부모에게서 전달 받은, 단순한 유전자 조합의 결과물이 아니다. 뇌는 생후에도 무얼 경험하느냐에 따라 유연하게 그 구조와 기능이 변화한다. 뇌를 구성하는 신경 세포인 뉴런간의 연결은 인간 관계나 주변 환경을 통해 끊임없이 수정되고 재구성된다.

이러한 과정을 설명하는 학문이 바로 **후성유전학**이다. 후성유전학에 의하면, 부모가 신뢰와 안정감을 바탕으로 자녀와 관계를 맺으면, 자녀의 뇌에서는 긍정적인 변화가 일어난다.

> **후성유전학(Epigenetics)**
>
> 유전자의 염기서열은 변하지 않지만, 환경과 경험이 유전자 발현 방식에 영향을 미친다는 생물학적 기전에 관한 학문. 양육 환경과 인간 관계가 뇌의 구조나 생화학적 상태, 그리고 결과적으로 정신 건강에 실질적인 영향을 줄 수 있음을 설명한다.

후성유전학과 관련한 대표적인 연구로는 마이클 미니(Michael Meaney)의 쥐 실험이 있다. 이 실험에서 어미 쥐의 보살핌(핥아주거나 쓰다듬는 행위)을 더 많이 받은 새끼 쥐는 그렇지 않은 쥐에 비해 성체가 되었을 때 스트레스에 더 잘 대처했다. 어미의 행동으로 인해 뇌의 스테로이드 수용체가 발현되는 양상이 달라졌기 때문이다. 이와 유사한 연구 결과는 인간을 대상으로 한 실험에서도 드러났다. 또한, 부모로부터 안정적인 돌봄을 경험한 아이는 옥시토신과 바소프레신 수치, 전전두엽 활성도, 미주신경 기능 등에서 그렇지 못한 아이들과 유의미한 차이를 보였으며, 이는 나아가 아이의 감정 조절 능력과 회복 탄력성과도 상관관계를 보였다.

정신분석가 도널드 위니컷은 인간의 중요한 발달 과업으로 '혼자 있을 수 있는 능력'을 제시했다. 이는 단순히 고립을 견디는 능력이 아니라, 정서적으로 안정된 상태에서 타인의 존재 없이도 불안해하지 않고 홀로 있을 수 있는 능력을 의미한다.

이 능력은 인생 초기, 양육자와의 안전한 관계를 통해 길러진다. '나는 괜찮은 사람'이라는 자기 표상은 '충분히 좋은' 양육자와의 경험 속에서 형성된다. 아무리 인지 능력이 뛰어나고 똑똑해도, 안정적인 자기 표상은 타인과의 관계 없이는 만들어질 수 없다. 정서적 독립은 혼자 연습한다고 이루어지는 것이 아니라, 타인과 충분히 안정적인 관계를 경험함으로써 달성할 수 있다.

이제부터는 양육자가 자녀와 함께 살아가는 동안 지키도록 노력해야 하는 육아의 원칙들을 소개하겠다. 이 원칙들은 자녀가 어려운 상황에서도 안정감을 찾고, 타인과 친밀하고 건강한 관계를 맺을 수 있는 힘을 기르도록 도와줄 것이다.

1. 관계의 양보다 질이 더 중요하다.

자녀와 오랜 시간을 함께 할 수 없다고 좌절하지 말자. 중요한 것은 양이 아닌 질이다. 짧더라도 자녀와 함께하는 시간 동안 마음을 다해 아이와 연결되려는 노력을 기울인다면 아이는 건강한 대상 관계를 형성할 수 있다. 아이들은 부모의 미소, 공감하는 태도, 참을성(자기 조절), 문제 해결 방식 등을 기억에 새긴다. 이는 단순한 의식적 기억을 넘어, 무의식적 수준에서 대상 관계를 빚어가는 과정이다.

그러나, 바쁜 일상에서 돌아온 양육자가 자녀와의 시간에 집중하기란 쉽지 않다. 나 역시 전공의 시절, 응급한 환자의 진료를 끝내고 곧장 외래 진료에 임할 때면 마음을 환기시키고 가다듬는데 어려움이 컸다. 직전에 벌어졌던 일에서 비롯된 정신적 잔상에서 자유로워지기까지는 시간이 필요했고, 나 스스로 그 사실을 알아차릴 때면 외래 환자에게 미안함을 느꼈다.

이와 마찬가지로, 양육자도 집에 돌아오기 전에 자신의

마음 상태를 점검하는 것이 중요하다. '오늘은 직장에서의 과도한 업무로 여유가 없는 것 같네', 혹은 '심호흡을 하고 집에서는 아이들에게 소리치지 않도록 조심해야지'와 같은 자기 인식은 자녀와의 관계에 큰 도움이 된다.

자녀와 함께하는 시간을 의미 있게 만드는 것은 쉽지 않은 일이다. 양육자는 자신이 얼마나 어려운 일을 하고 있는지를 받아들이고, 지속적으로 스스로가 차분함을 유지하고 있는지 점검해야 한다. 명심하자, 육아를 충분히 잘 해낸다는 것은 엄청나게 어려운 일이다.

2. 중용의 태도를 기르자.

한국인에게 익숙한 유교의 가르침인 중용은 심리학에서 말하는 '미묘한 차이를 포착하는 시각'과도 통한다. 중용은 극단을 피하고 균형과 조화를 추구하는 삶의 태도이다. 이는 인간을 절대선이나 절대악이 아닌, 복잡미묘한 존재로 이해하도록 돕는다.

정신분석가 멜라니 클레인(Melanie Klein)은 이를 **편집-분열 자리**와 대비되는 **우울 자리**라는 개념으로 설명했다. 편집-분열 자리는 부모의 좋은 면과 나쁜 면을 한 사람 안에서 통합하지 못하고, 상황에 따라 극단적으로 평가하는 상태이다. 이 상태에서 아이들은 현실의 일부(양육자의 나쁜 면)를 부정함으로써 평안을 찾는다. 아이가 부모를 절대적으로 선한 존재로 인식(예를 들어, '우리 엄마는 천사'라는 인식)하는 순간에는 불안할 것이 없기 때문이다.

반면, 우울 자리는 부모의 양면성을 받아들이며 현실을 있는 그대로 수용하는 태도를 일컫는다. 우울 자리는 '나의 부모가 완벽한 존재가 아니었다'는 슬픈 깨달음을 동반하지만, 대신 복잡하고 미묘한 현실을 읽어낼 수 있는 통찰력을 길러준다. 양육자가 자신과 세상의 밝고 어두운 면을 자녀와 함께 이야기할 수 있다면, 자녀는 도덕적인 갈등을 유발하는 상황도 두려워하지 않게 된다.

우리는 살면서 마주하는 여러 상황에 따라, 이 두 자리를 역동적으로 오간다. 인생의 어두운 면을 바라볼 마음의 여유가 없는 상황에서, 사람들은 현실의 일부를 부정하면서 일시적으로 편집-분열 자리를 택하기도 한다. 양육자가 편집-분열 자리에 오래 머물게 된다면, 아이들 역시 무의식적으로 부모의 심리 상태를 습득하게 될 수 있다. 즉, 불안을 피하기 위해 현실 세계를 있는 그대로 이해하기보다는 선택적 일부만을 믿는 전략을 자주 사용하게 된다. 하지만, 역설적이게도 아이는 오히려 부모가 숨기고 부정하는 것들에 대해 더 큰 두려움을 느끼게 될 수 있다.

> **편집-분열 자리(Paranoid-Schizoid Position)**
> 타인을 '좋은 것'과 '나쁜 것'으로 극단적으로 나누어 인식하는 심리 상태. 현실의 복합성을 받아들이는데 어려움이 따른다.

우울 자리(Depressive Position)

대상의 좋은 면과 나쁜 면을 통합적으로 인식하고, 현실의 복잡함을 수용할 수 있는 심리 상태. 성숙한 정서 발달의 지표로, 공감 능력과 자기 조절력의 기반이 된다.

정신분석가 도널드 위니컷의 **'충분히 좋은 엄마'** 개념은 우울 자리와 관련이 깊다. 양육자는 자녀의 모든 욕구를 충족시킬 수 없으며, 자녀와의 관계의 단절 역시 피해갈 수 없다. 그러나, 이 불안전함이 오히려 복잡한 가치들이 서로 지저분하게 얽혀 있는 현실을 이해할 수 있는 힘을 자녀에게 길러 준다. 따라서, 자녀에게 완벽한 부모가 되려 하기보다는 진실하고 인간적인 '충분히 좋은' 부모가 되어주는 것이 더 중요하다.

충분히 좋은 엄마(Good Enough Mother)

자녀의 모든 욕구를 완벽히 충족시키기보다는, 일관되고 안정적인 돌봄을 제공하는 현실적인 양육자를 칭함. 자녀가 현실의 불완전함을 받아들이고, 견딜 수 있는 수준의 좌절을 통해 자율성과 회복 탄력성을 기를 수 있도록 돕는 존재. 현대에는 여성(엄마)에 국한하지 않고 모든 양육자에게 적용되는 용어이다.

3. 적절한 좌절은 성장의 자양분이다

자녀가 불편함이나 좌절을 경험하는 것은 꼭 피해야만 하는 일이 아니다. 좌절은 자기 조절 능력과 회복 탄력성을 기를 수 있는 기회다. 그리고 자기 조절이 원활하게 이루어져야 고위 인지 기능 역시 잘 발달할 수 있다.

양육자는 자녀의 감정을 이해하려 노력하되, 모든 요구를 즉시 들어줄 필요는 없다. 배고픔을 잠시 참게 하거나, 울음을 스스로 그칠 시간을 주는 것, 원하는 것을 얻기 위해 어떤 조건을 제시하는 것 등은 모두 예측 가능한 좌절을 제공하는 방식이다. 예를 들면, 아이가 TV를 보여 달라고 할 때, 먼저 장난감을 치우게 하거나, 장난감을 사달라고 할 때 정해진 날짜까지 기다리게 하는 것이다. 이러한 경험을 통해 자녀는 '타인이 나의 욕구를 바로 충족시켜줄 수 없다'는 사실을 깨닫고, 타인과 자신 모두를 더 너그럽게 바라볼 수 있게 된다.

마찬가지로, 양육자가 자녀에게 화를 내는 것이 반드시 나쁘지만은 않다. 사랑하는 자녀에게 화를 냈다고 해서 좌절하지 말자. 이러한 경험을 통해 아이는 한 사람 안에 선함과 악함이 공존할 수 있다는 것을 점차 배워나간다. 이는, 입체적이고 미묘한 대상 표상을 발달시켜, 결과적으로 타인의 행동이나 감정적 반응에 대해 점차 현실적인 기대를 할 수 있게 된다.

4. 공감의 언어를 사용하자.

양육자가 자녀 앞에서 타인의 감정이나 생각에 대해 호기심을 갖고 언어화하는 것은 매우 중요하다. "저 사람은 많이 실망했을 것 같아" 또는 "말은 안 해도 화가 나 있을 수도 있겠다" 와 같은 표현은 타인에게도 고유한 내면 세계가 존재함을 자녀에게 알려준다. 자녀는 양육자의 언어를 통해 공감 능력과 감정 어휘를 확장시키게 된다. 또한, 양육자가 타인의 감정을 읽어내는 노력을 본 자녀는 자기 자신의 생각과 감정에도 더 많은 호기심을 갖게 된다. 결과적으로, 감정을 언어로 표현할 수 있게 된 아이는 스스로의 감정을 효과적으로 조절할 수 있게 된다.

5. 온전히 경청하자.

양육자는 자녀에게 무엇을 말할지보다, 어떻게 하면 잘 들어줄 수 있을지를 고민해야 한다. 자녀와 대화할 때는 핸드폰을 멀리 두고, 서로 비스듬히 앉아 긴장을 줄이는 것이 좋다. 자녀가 '지금은 내 이야기를 편견 없이 집중해서 들어주는 시간'임을 느낄 수 있는 환경을 만드는 것이 중요하다. 당장 시간이 없다면, 양육자가 여유 있는 시간을 정해 "이따가 OO시에 이야기하자. 괜찮겠니?"라고 제안하는 것이 좋다.

정신 치료에서도 '잘 듣기'는 핵심 원칙이다. 환자가 한동안 말을 하지 않아도, 침묵을 견디며 환자의 이야기가 시작되기를 기다리는 경우가 이에 해당한다. 깊은 내면의 감정과 생각은 곧장 말로 표현되기 어렵다. 양육자도 자녀가 말을 할 때는 개입을 최소화하면서 기다려 줄 수 있어야 한다. "흐음…" 같은 짧은 호응이나 "그래서 그 다음은 어떻게 되었어?" 같은 질문은 자녀가 자신의 이야기를 쉽게 이어갈 수 있도록 돕는다. 이야기를 들으면서 "그 상황에서 네가 정말 속상했겠다"와 같이 자녀의 감정을 따라가는 노력을 하는 것도 좋다.

양육자는 이러한 경청을 통해, 자녀가 양육자에게 물리적·감정적으로 '기댈 수 있다'는 메시지를 전달할 수 있다. 자녀는 '타인은 내 이야기를 듣고 싶어 한다'는 대상 표상과 함께, '완전하지 않은 나의 이야기도 말할 가치가 있다'는 자기 표상을 키워나가게 된다. 이는 타인과 친밀하고 깊은 관계를 맺고 유지할 수 있는 기반이 된다.

위니컷이 설명한 **보듬어주는 환경**은 자녀가 좌절을 견디며 성장할 수 있도록 돕는 물리적, 심리적 공간이다. 그 핵심은 자녀가 자신의 이야기를 자유롭게 할 수 있고, 양육자가 이를 편견 없이 온전히 경청해주는 것이다.

보듬어주는 환경(Holding Environment)

아이가 감정적으로 안전하다고 느끼며 자신의 감정을 표현하고 조절할 수 있도록 돕는 심리적·물리적 공간. 정서적 성장과 건강한 자기 표상 형성에 핵심적이다.

6. 관계는 안전하고 즐거워야한다.

자녀는 양육자와의 관계에서 심리적·신체적으로 안전하다고 느껴야 한다. 체벌이나 인신 공격적인 발언은 자녀의 내면에 깊은 상처를 남기며, 왜곡된 대상 관계를 형성하게 만든다. 예를 들어, '나는 맞아도 싼 아이야' 라는 믿음은 향후 다른 사람과 관계를 맺을 때 필요한 자신감을 박탈할 수 있다.

반면, 양육자와 함께 웃고 노는 경험은 '관계는 즐거운 것'이라는 대상 표상을 형성할 수 있도록 돕는다. 이는 자녀가 앞으로 맺게 될 관계에서 신뢰와 친밀감을 느낄 수 있는 기반이 된다.

자녀의 행동을 바꾸고 싶다면, 먼저 아이가 어떤 기술이 부족해서 양육자 마음에 드는 행동을 하지 못하는지 점검해야 한다. 예를 들어, 아침에 학교에 갈 준비가 반복적으로 늦어진다면, 반항이나 게으름보다는 시간 관리 기술이나 미리 준비물을 챙기는 기술이 부족한 것일 수 있다. 이러한 경우, 함께 해야 할 일의 목록을 만들어 보고 각각의 일을 처리하는데 걸리는 시간을 예측해보는 등 문제 해결 과정을 함께 해나가는 시도가 필요하다. 혼나기만 하는 아이는 다음에 같은 상황에서 어떻게 행동해야 하는지를 안전하게 배울 수 없다.

체벌 대신 칭찬과 보상을 활용하는 것이 자녀의 행동을 바꾸는데 효과적이며, 이는 자녀와의 관계를 더 즐겁게 하는 방법이기도 하다. 예를 들어, 숙제를 하지 않고 돌아다니는 자녀가 있다면 책을 펼치는 순간을 포착해 "스스로 앉아 숙제하는 모습이 정말 보기 좋다"고 칭찬하자. 아직 글을 읽지 못하는 아이에게는 보상이 따르는 행동들을 그림으로 그려 잘 보이는 곳에 붙여 놓는 것도 좋은 방법이다. 체벌은 자녀의 내면에 복수에 대한 환상을 낳지만, 보상과 칭찬은 '나는 가치 있는 사람'이라는 자기 표상을 남긴다.

7. 육아 참여는 하나보다 둘이 낫다

예일(Yale)대 카일 프루잇(Kyle Pruett) 교수는 아버지가 육아에 참여하면 어머니가 홀로 육아를 전담하는 것보다 자녀 발달에 긍정적인 영향을 미친다고 강조했다. 긴 시간이 아니더라도, 아버지가 아이의 감정에 신경 쓰고, 함께 놀고, 책을 읽어 주고, 훈육에 참여하며 육아에 관여하면, 자녀는 더 나은 자기 조절력, 문제 해결 능력, 언어 능력, 사회성, 학업 성취를 보였다.

남성과 여성은 자녀와의 상호 작용 방식에서 차이를 보인다. 남성은 더 도전적이고 탐험적인 놀이를 선호하며, 언어 사용에서도 더 긴 문장들을 사용하는 경향을 보인다. 이러한 양육 방식의 차이가 자녀에게는 더 풍부한 대상 관계를 형성할 기회를 제공한다.

양육자 간의 육아 접근 방식이 다르더라도, 그 효과가 서로 상충되거나 상쇄되는 것은 아니다. '양육자끼리 같은 페이지에 있을 필요는 없다. 같은 장(chapter)에 있으면 충분하다.'는 말처럼, 육아에 있어 양육자들이 완벽한 일치를 추구하기보다는, 다름을 인정하고 조화롭게 협력하는 태도가 중요하다. 서로의 차이를 존중하고 차분히 조율하는 모습을 보면서 자녀는 오히려 갈등 해결 능력과 자기 조절력을 기를 수 있다. 자신과 의견이 다른 타인과도 행복하게 살아갈 수 있다는 것을 배울 수 있다는 것은 큰 축복이다.

단, 어떤 상황에서도 폭력은 절대 용납되어서는 안 된다. 아이들은 말보다 행동을 통해 배우기 때문에, 양육자 간의 폭력이나 자녀를 향한 폭력은 반드시 피해야 한다. 자녀 앞에서는 문을 있는 힘껏 닫는 행동이나, 서로 밀치는 행동, 물건을 던지는 행동, 서로 큰소리로 욕하면서 싸우는 모습을 보이지 않도록 해야 한다.

Q 애착 이론이란 무엇이며, 왜 중요한가요?

A. 애착 이론은 인간이 생존과 정서적 안정을 위해 타인과 형성하는 물리적·정서적 유대를 설명하는 이론입니다. 애착 이론은 인간의 의존 욕구와 정서 발달을 이해하는 데 핵심적인 틀을 제공합니다. 애착 이론은 기존 행동 이론들과 다르게, 부모 곁에서 아이들이 충분히 오랜 시간을 보내야 세상을 더 용감하게 탐험할 수 있음을 보여주었습니다.

Q 아이가 불안을 느낄 때, 왜 양육자의 존재가 중요한가요?

A. 만 6세 이전의 아이는 논리적 사고를 통해 불안을 해소하는 능력이 부족합니다. 대신, 양육자로부터 오는 촉감, 목소리, 표정 같은 감각적 요소를 받아들이며 불안을 조절합니다.

Q 인생 초기의 애착 경험은 왜 기억에 남지 않는데도 평생 영향을 미치나요?

A. 뇌의 해마가 발달하기 전인 생후 2~3년 동안의 애착 경험은 암묵적 기억 형태로 저장됩니다. 이 무의식 수준의 기억은 평생 동안 관계 유지와 정서 조절에 영향을 줍니다.

Q 양육자는 자녀의 대상 표상 형성에 어떤 영향을 미치나요?

A. 양육자의 말투, 행동, 감정 반응은 자녀가 타인을 어떻게 인식하고 기대하는지를 결정짓는 핵심 요소입니다. 사회적 분위기나 문화적 신념 또한 대상 표상 형성에 영향을 줍니다.

Q 부모와의 관계가 자녀의 뇌 발달에 영향을 줄 수 있나요?

A. 네. 후성유전학에 따르면, 부모와의 안정적인 관계는 자녀의 뇌에서 단백질 발현 양상 변화를 일으킵니다. 이러한 생화학적 변화는 결과적으로 정서적 건강과 회복 탄력성에 긍정적 영향을 미치게 됩니다.

Q 양육자의 공감과 경청은 왜 중요한가요?

A. 공감은 자녀가 타인의 감정을 이해하고 표현할 수 있게 도와주며, 경청은 자녀가 자신의 감정을 안전하게 표현할 수 있는 환경을 조성합니다. 이는 건강한 대상 관계 형성의 기초가 됩니다.

PART

6

배움과 가르침

나는 아이들이 배움의 기쁨을
느끼길 바란다. 그리고, 그 기쁨의
대상은 반드시 아이들 스스로가
흥미를 느끼는 것이어야 한다.

폴 그래험
(Paul Graham)

6장
배움과 가르침

6.1. 타인의 존재가 학습에 미치는 영향

미국으로 건너가 임상 수련을 받으며, 나는 '학습이란 무엇인가'에 대해 새로운 관점을 갖게 되었다. 미국의 수련 시스템과 CHA병원 소아정신과에서 어린아이들의 발달 과정을 관찰할 수 있는 기회 덕분이었다. 학습이란 혼자 시간을 들여 숙지하고 생각하며 암기하는 것이라는 내가 가진 기존의 믿음에는 큰 변화가 생겼다. 이번 장에서는 배움에 있어 타인의 존재가 얼마나 중요한지를 이야기하고자 한다.

소아정신과 전임의로 처음 외래 진료를 시작했을 때, 내 이름으로 배정된 첫 환자를 실제로 진료한 사람은 지도 교수님이었다. 나는 그 면담을 60분 동안 집중해서 관찰했다. 두 번째 환자는 내가 면담을 주도했고, 교수님은 내가 면담에만 집중할 수 있도록 의무 기록을 대신 작성해 주셨다. 세 번째 환자는 면담과 기록 모두를 내가 맡았다. 교수님은 전 과정을 지켜보신 뒤 환자가 진료실을 나간 후엔 조언을 아끼지 않으셨다. 네 번째 환자부터는 면담의 일부만 교수님이 참관하였다. 그 후 매주 30분씩 2년간 지속된 일대일 외래 지도 시간은 면담 기술, 치료 방향, 기록 작성에 대해 지도 받을 수 있는 소중한 기회였다.

  나는 이미 전공의 수련을 마치고 성인 정신과 환자를 독립적으로 진료할 수 있는 상태였기에, 어린 환자도 곧 혼자 볼 수 있으리라 생각했다. 처음에는 왜 이렇게 긴 수련과 감독이 추가로 필요한 것인지 이해하지 못했다. 그러나, 아이들과의 면담은 성인과 진행하는 면담과는 많이 달랐다. 대부분의 아이들은 자기 의지로 진료실을 찾아오는 것이 아니었고, 그들과 관계를 맺는 법, 면담 진행 방식, 발달 상황, 가족 역동, 학업 기능 등 고려해야 할 요소가 훨씬 많았다. 아이들에게는 대기실에서 진료실까지 걸어가는 짧은 시간 동안에도 적용할 수 있는 면담 전략이 존재했다. 나는 지도 교수님이 진행하는 면담을 면밀히 살피면서, 내게 부족한 부분들을 채워나갔다.

  수련 마지막 해가 되자, 불안감이 엄습했다. 부족함과 무지를 보완하지 못한 채 독립적으로 진료하는 전문의가 되진 않을까하는 걱정이 들었다. 내 고민을 들은 지도 교수님은 내게 혼자 면담을 진행하는 것에 대한 확신이 설 때까지 자신의 진료에 참관할 수 있도록 배려해 주셨다. 나는 그 후로 수 차례 더 지도 교수님의 진료를 참관하며 나만의 면담 방식을 만들어

갔다.

현재 내가 수련 시절보다 하루에 두 배 이상 많은 환자를 진료하면서도 자신감과 여유를 가질 수 있는 것은 바로 그때의 수련 경험 덕분이다. 나는 안전한 환경에서 충분히 오래 지도 교수님의 면담을 보고 들었고, 교수님으로부터 건설적인 피드백을 받을 수 있었다. 그리고 그 시간들이 지금의 나를 만들었다.

미국에서의 임상 수련을 마치고 나니, 전공의 시절 한국에서 경험하지 못했던 것들이 더욱 분명해졌다. 한국에서는 30분 이상 소요되는 초진 면담을 교수님이 직접 진행하는 모습을 관찰할 기회가 없었다. 빠른 진료를 요구하는 의료 시스템 속에서, 전공의와 교수 모두 각자의 환자를 최대한 효율적으로 진료해야 했기 때문이다. 한국과 미국, 두 나라에서 수련을 받으며 내가 몸소 깨달은 것은 '진정한 배움은 타인과 충분한 시간 동안의 상호 작용 속에서 이루어진다'는 사실이었다.

미국 전임의 시절, 나는 마이크로티칭(microteaching)이라는 강의법을 접했는데, 이는 일방적인 강의가 아니라 청중을 소그룹으로 나누어 능동적인 참여를 유도하는 방식이었다. 이 수업의 일환으로 나는 '좋은 시험 문제를 만드는 법'이라는 주제로 15분간 강의를 했고, 이후 강의에 대한 동료 및 교수님의 피

드백을 받았다. 이러한 방식을 통해 발표 내용면에서 보완할 점 뿐 아니라, 발표 형식, 전달력, 청중과의 상호 작용, 말투, 자세 등 혼자서는 알기 어려운 무의식적인 습관까지 살펴볼 수 있었다. 자가 평가와 타인의 평가를 비교하면서, 내가 마음속에 지니고 있는 스스로에 대한 평가 기준이 얼마나 엄격하거나 느슨한지도 알 수 있었다.

　　이 수업 후, 나는 진료실에서 내가 가진 의학 지식을 환자에게 전달하는 방식에 더욱 신경 쓰게 되었다. 아무리 좋은 내용이라도 전달 방식이 효과적이지 않으면 상대방은 흥미와 집중력을 잃게 되기 때문이다.

　　마이크로티칭을 통해 얻은 깨달음이 또 있다. 우리는 타인을 가르칠 때 가장 잘 배울 수 있으며, 효과적인 학습이 이루어지기 위해선 타인과의 상호 작용이 반드시 필요하다는 점이다. 이는 나이를 불문하고 모든 학습 상황에 적용될 수 있다.

　　우리는 가족이나 친구에게 자신이 아는 내용을 설명하고 질문을 주고받는 것 만으로도 학습의 효과를 높일 수 있다. 또한, 소그룹에서 서로의 생각과 경험을 나누는 과정은 학습의 흥미와 참여도를 높여준다. 서로의 부족한 점을 보완하고, 모르는 것을 편하게 질문할 수 있는 분위기 속에서, 참여자들은 더 능동적으로 학습에 임하게 된다. 5~6명으로 이루어진 학생들이 모둠을 이뤄 각자 학습하면서 갖게 된 궁금증, 학습 과정에서 마주했던 어려움, 그리고 이를 해결하기 위해 시도했던 방법을 서로 공유할 수 있다면 이상적이다.

타인과의 상호 작용이 학습에 필수적인 요건이라는 점을 고려했을 때, 내가 소아 청소년들에게 추천하는 학습 환경은 '독서모임'이다. 독서모임은 주기적으로 또래들과 만나 함께 정한 책을 읽고 자신이 느낀 바를 공유한다는 점에서, 학습과 놀이가 결합된 형태를 띤다. 독서모임은 주로 지역 도서관이나 학교를 중심으로 결성되며, 공상과학, 탐정물, 무협지 등 특정 장르의 책들에 집중하는 형태를 띨 수 있다. 저학년 학생들의 경우 성인이 독서모임의 진행을 맡는 경우도 있지만, 청소년기 아이들은 자발적으로 모임을 이끌어 갈 수 있다.

독서모임에는 여러 장점이 있다. 우선, 아이들은 함께 책을 읽으며 또래 친구들과 연대감을 느끼게 된다. 또한, 같은 내용의 책을 읽고 서로 다른 감정과 생각을 나누는 과정은 타인의 내적 세계에 대한 호기심, 즉 정신화 능력을 길러준다. 얼굴을 마주하고 토론하는 상황에서, 아이들은 서로 다른 의견이 충돌할 때 침착함을 유지하며 타인의 말을 경청하는 법, 자신의 의견을 조리 있게 설명하는 법, 그리고 생각이 다른 친구들과 공존하는 법을 배우게 된다.

6.2. 자녀의 자발적인 학습을 도우려면

자발적인 학습이란, 아이가 특정 주제에 흥미를 느끼고 그것을 스스로 알아가려는 상태를 말한다. 이는 단순히 혼자 공부에 시간을 쏟는 '자습'과는 다르다. 자발적 학습은 아이가 자신에게 맞는 학습 환경을 능동적으로 만들어 가려는 **내적 동력**(또는 내적 동기)을 포함하는 개념이다.

> **내적 동력(Inner Drive)**
> 외부 보상이 아닌, 개인의 흥미, 만족감, 성취감 등에서 비롯되는 학습 동기.

그러나, 아이가 이 상태에 도달하는 것은 결코 쉬운 일이 아니며, 아이들의 자발적 학습이 이루어지도록 하기 위해서는 선생님과 양육자의 도움이 필수적이다.

자발적 학습의 반대말은 강제된 학습이다. 아이가 전혀 공부하고 싶은 마음이 없음에도 억지로 학습을 하게 되면, 아이는 무의식중에 '내가 가만히 있더라도 누군가가 계속 날 공부시킬 거야'라는 수동적인 태도를 갖게 된다. 이로 인해 학습에 대한 내적 동력은 약화되고, 부모와의 관계에도 긴장이 고

조된다. 결국 부모와 아이 모두 불필요한 에너지를 소모하는 일만 반복되는 것이다.

아이의 자발적인 학습을 돕기 위해 가장 먼저 해야 할 일은, 아이가 호기심을 보이는 영역을 함께 찾아가는 것이다. **몰입**은 아이가 진심으로 좋아하는 분야에서 자연스럽게 일어난다. 몰입은 강제할 수 없으며, 아이가 몰입할 가능성이 높은 분야를 경험하게 해주는 것이 양육자가 할 수 있는 최선이다. 몰입의 경험은 한 분야에 국한되지 않는다. 무언가에 한 번 깊이 빠져든 경험은 이후 다른 분야에도 몰입할 수 있는 가능성을 열어준다.

몰입(flow)

미하이 칙센트미하이(Mihaly Csikszentmihalyi)가 정리한 이론으로, 시간 가는 줄 모르고 한 활동에 깊이 빠져드는 심리 상태를 칭한다.

벤처 투자자 폴 그레이엄(Paul Graham)은 그의 수필 『천재성에 관한 버스 티켓 이론(The Bus Ticket Theory of Genius)』에서, 천재성은 어린 시절 특정 분야에 대해 '집착적인 수준의 관심과 이해관계 없는 사랑'에서 비롯된다고 설명한다. 특히 그 분야가 대중적인 인기가 없는 영역일수록, 아이의 몰입 경험이 위대한 업적으로 이어질 가능성이 높다고 평가했다. 따라서, 아이들이 누구나 좋아할 만한 게임이나 짧고 자극적인 영상이 아닌, 수집·독서·공부·운동·악기 연주와 같은 분야에서 자발적인 호기심을 보인다면 그 흥미와 몰입이 지속되도록 도와야 한다. 아이가 외부의 보상 없이도 호기심을 갖고 기쁨을 느끼는 분야 한 두 가지를 찾도록 돕는 것, 그것이 양육자가 가져야 할 태도다. 그리고 그러한 분야를 탐색할 수 있도록 기꺼이 도와주는 양육자를 만나는 것은 아이에게는 큰 축복이다.

아이의 내적 동력을 키우기 위해서는 학습의 결과보다는 과정 자체에 주목하려는 양육자의 태도가 필요하다. "이걸 이렇게 잘 해내다니, 넌 정말 똑똑하구나"와 같은 결과 중심의 칭찬은 아이의 내적 동력을 약화시킬 수 있다. 그보다는 "너는 참 호기심이 많아서 좋다" 혹은, "이걸 스스로 찾아내다니 대단하구나"처럼 자발적인 행위 자체를 인정하는 언어 습관을 갖도록 노력하는 것이 중요하다.

또한, 아이의 성취가 아이 자신보다 부모에게 더 중요한 것처럼 비춰져서는 안 된다. 성적이 떨어졌다고 부모가 아이보다 더 실망하거나 걱정하는 태도는 아이로 하여금 학습을 '자신의 일'이 아닌 '부모의 일'로 인식하게 만든다. 아이가 학습의 결과에 대해 스스로 책임감을 느끼게 하려면, 부모는 학습의 수행 여부를 중시하는 '강제자'가 아닌 어떻게 학습을 도울지 고민하는 '지지자'가 되어야 한다. "숙제 다 했니?" 보다는 "이 숙제를 어떻게 접근할 거니? 어떤 도움이 필요하니?"라고 아이에게 묻는 것이 좋다.

자발적 학습의 또 다른 핵심 요소는 **통제감**이다. 아이는 스스로 선택한 활동에 더 깊이 몰입할 수 있는 반면, 학습과 일상에서 지나친 통제를 경험하면 오히려 **무기력감을 학습**하게 된다. '내가 무엇을 어떻게 해도 결과는 바뀌지 않아'라는 인식은 내적 동력을 약화시켜, 아이가 스스로 한 분야에 깊이 파고들 수 없게 만든다.

통제감(Sense of Control)
자신의 선택과 행동이 결과에 유의한 영향을 미칠 수 있음을 느끼는 상태. '자기 효능감'이라고도 칭한다.

학습된 무기력감(Learned Helplessness)
반복된 실패나 통제로 인해 '내가 무엇을 어떻게 해도 변화를 일으킬 수 없다'는 믿음이 고착화된 상태.

따라서, 양육자는 아이에게 지시가 아닌 선택의 기회를 제공해야만 한다. "지금부터 OO를 해야 해"보다는 "A랑 B 중에 뭐가 더 흥미로워 보여? 둘 중에 무엇을 해볼래?" 라고 묻는 것이 좋다. 아이가 스스로 선택한 학습일수록 몰입의 가능성은 커진다. 강제적 학습과 과도한 선행 학습이 해로운 것도 비

숱한 이유에서다. 또래보다 앞서가는 선행 학습은 단기적으로는 아이에게 성취감을 줄 수 있지만, 장기적으로는 정서적·인지적 부작용을 남길 수 있다. 강압적이고 재미가 결여된 학습 환경은 만성적인 스트레스를 유발하고, 이는 아이의 자율성과 창의성을 억누른다. 능동적이고 탐험적인 학습은 감정적으로 평온한 상태에서만 이루어질 수 있고, 어린 학생들의 경우엔 더욱 그렇다.

우리는 종종 분노나 우울에 휩싸인 상태에서는 중요한 결정을 미루라고 조언한다. 학습도 마찬가지다. 아이 역시 감정적으로 힘든 시기에는 공부하고 싶은 마음을 갖기 어렵다. 뇌의 변연계가 강한 감정으로 인해 지나치게 활성화되어 있으면, 고위 인지 기능을 담당하는 뇌의 영역은 제기능을 할 수 없다. 세계적인 체조 선수 시몬 바일즈(Simone Biles)도 2020년 도쿄 올림픽을 앞두고 극심한 불안감으로 출전 자체를 포기한 바 있다. 감정을 잘 다스리는 것은 아이가 자발적으로 학습 동기를 끌어올리고 수행해 나가기 위한 전제조건이다.

새로운 지식과 기술을 배우는 데 있어 실수와 좌절은 피할 수 없는 과정이다. 아이는 실패를 통해 더 성장할 수 있다. 좌절 속에서도 목표를 향해 나아가는 경험은 자존감과 회복 탄력성을 길러주기 때문이다.

"네가 실수로부터 배울 수 있는 능력이 있다고 믿어. 다음에는 이 경험을 바탕으로 더 좋은 결정을 내려보자." 와 같은 양육자의 말은 아이에게 큰 힘이 된다.

자발성 학습의 동력은 다음과 같은 양육자의 칭찬의 언어를 통해 자라난다.

칭찬할 수 있는 상황들	· 열심히 노력함 · 포기하지 않음 · 집중함 · 차분함 유지 · 새로운 아이디어로 문제를 해결하려는 노력 · 자발적 독서 · 독립적인 과제 수행 · 약속의 이행 · 부모의 말 경청 · 정리 정돈
양육자의 칭찬 예시	· "지금 정말 잘 집중하고 있구나" · "정말 열심히 하고 있구나" · "정말 답답할텐데, 끈기 있게 붙잡고 있구나" · "포기하지 않고 노력하는 모습이 정말 멋지다." · "잊지 않고 약속을 지켜줘서 고마워." · "차분히 앉아 이야기를 들어주니 고마워."

더 나아가, 아이들에게 생각을 구조화하는 도구를 제공하는 것은 자발적 학습에 날개를 달아주는 일이다. 나 역시도 성장 과정에서 만난 여러 선생님에게 가치 있는 학습 도구를

전수받았다.

중학교 시절, 과학 선생님은 내게 공책을 반으로 접어 왼쪽에는 필기를 하고 오른쪽에는 궁금증을 적게 했다. 선생님은 배우는 만큼 질문이 생기는 건 당연한 일이라고 설명해 주었다. 그래서 공책을 꼭 '반으로' 접으라고 하셨다. 나는 이 방법을 통해 학습 과정에서 생겨나는 여러 호기심을 가감 없이 바라보고, 그 궁금증들을 하나씩 해결하는 과정에서 흥미를 느낄 수 있었다.

고등학생 시절 만난 지리 선생님은 일반적인 판서 방법이 아닌 마인드맵(mind map)을 활용해 수업을 진행했는데, 그것은 핵심 주제를 종이 가운데에 적고 사방으로 가지를 뻗어가며 세부 내용을 정리하는 방식이었다. 나는 지금도 생각을 정리하고 글을 쓸 때 이 방법을 유용하게 사용한다.

―

이번 장을 마무리하면서, '준비-실행-완료(Get ready-Do-Done, 이하 GDD)' 모델을 소개하고자 한다. 이 도구는 학습이나 과제 수행을 시각적으로 구조화하여, 아이가 자발적으로 과제를 완수할 수 있도록 돕는다. 많은 부모는 아이가 과제를 하지 않는 이유를 아이의 '게으름'이나 '의지 부족'으로 생각하지만, 실제로는 기술과 도구의 부재가 원인인 경우가 많다. GDD 모델은 이를 개선하는데 효과적이다.

3. Get Ready (준비)	2. Do (실행)	1. Done (완료)
· 실행에 필요한 준비물은 무엇인가? · 어디서 실행할 것인가?	· 목표에 도달하기 위해 어떤 단계들이 필요한가? · 각 단계에서 무엇을 하고, 시간은 얼마나 걸리는가?	· 목표를 달성했을 때, 결과물은 어떤 모습일까?

GDD 모델의 핵심은 행위의 완료 단계에서 시작하여 거꾸로 계획을 세운다는 점이다. 그렇기 때문에 위의 도식을 보면 준비-실행-완료 각 단계 앞의 숫자가 3-2-1 로 거꾸로 매겨져 있는 것을 알 수 있다. GDD 모델로 학습을 계획하는 과정은 수행 순서와 반대이다.

예를 들어 '6.25 전쟁의 지정학적 의미'라는 주제로 포스터 발표를 해야 한다면, 먼저 포스터의 최종 형태를 머릿속에 그려야 한다. 포스터에는 전쟁의 결과로 황폐해진 도시의 모습을 담을 수도 있고, 남과 북을 둘러싼 미국이나 중국의 국기 모양을 담을 수도 있다. 그러고 나면, 포스터에 담을 그림과 글자의 수, 제목과 부제의 위치 등을 고려하면서, 최종 결과물의 모습을 상상해볼 수 있다.

GDD 모델에서 완료 단계를 구체적으로 상상할수록, 실행과 준비 단계는 훨씬 수월해진다. 결과물이 구체적이면 필요한 준비물, 인원, 준비 방법, 시간 등을 계획하기 용이하기 때문이다. 학습 과정에서 GDD 모델을 여러 번 경험하면, 아이는 자연스럽게 자신의 생각을 체계적으로 정리하면서 자기 주도적인 학습 역량을 키워 나가게 된다.

　　GDD 모델 중 가장 중요한 것은 결과물을 구체적으로 상상해내는 것이다. 이를 위해서는 뛰어난 언어 능력이 뒷받침되어야 하는데, 이것이 아이들에게 독서가 중요한 이유다. 종이책을 꾸준히 읽은 아이는 언어 능력이 발달하고, 언어를 기반으로 머릿속에서 손쉽게 최종 결과물을 상상할 수 있다. 그렇기 때문에 부모가 아이에게 다양한 종류의 책을 접할 환경을 만들어주는 것만으로도, 아이의 학습 능력은 발달하게 된다.

　　책은 소설, 만화책, 게임 설명서, 조립 설명서 등 어떤 종류도 괜찮다. 아이가 흥미를 느끼고 몰입해서 읽을 수 있는 책을 찾기 위해 아이와 도서관이나 서점을 자주 방문하는 걸 추천한다. 나 역시도 아이들과 도서관에서 함께 책을 읽고, 도서관 앞 놀이터에서 뛰어놀거나, 도서관에서 열리는 여러 행사에 참여해 책과 관련된 좋은 기억을 아이에게 심어주려고 노력한다. 그리고, 집에서 틈틈이 아이들에게 내 자신이 책 읽는 모습을 보여주려고 애쓴다.

　　머릿속에 학습의 최종 결과물을 상상하는 능력을 발달시키는 데에는 부모가 사용하는 말하기의 방식도 크게 영향을 끼친다. 예를 들어, "숙제 했니?" 보다는 "내일 수업에서 선생님께 어떤 결과물을 보여드릴 수 있을까?" 라고 묻는 것이 도움이 되며, "학교 갈 준비해" 보다는 "학교 갈 준비를 하고 문 앞에 서면 어떤 모습일까?" 라고 묻는 것이 좋다. 또, "얼른 가서 옷 입어" 보다는 "원하는 옷을 찾으려면 어떤 서랍을 열어야 할까?" 라고 물으면, 아이가 자신이 도달해야 하는 최종 상태를 머릿속에 구체적으로 떠올리게 도울 수 있다. 결과적으로 이러한 연습을 통해 아이는 스스로 학습을 계획하고 설계하는 능력을 기를 수 있게 된다.

    자발적인 학습 능력을 길러주는 것은 아이가 삶을 능동적으로 살아갈 수 있도록 돕는다. 이 과정에서 부모는 그 여정의 감시자가 아닌 조력자가 되어야 하며, 아이가 자신만의 방식과 속도로 흥미 있는 분야를 찾아 몰입할 수 있도록 끝없는 응원과 지지를 보내주어야만 한다.

Q 왜 '타인과의 상호 작용'이 학습에 중요한가요?

A. 타인과의 상호 작용은 학습의 흥미와 깊이를 더해주는 핵심 요소입니다. 관찰, 피드백, 질문과 같은 상호 작용을 통해 우리는 자신의 한계를 인식하고, 이해의 빈틈을 메우며, 더 효과적으로 지식을 내 것으로 만들 수 있습니다. 비고츠키(Vygotsky)는 '근접발달영역(ZPD)' 개념을 소개하며, 혼자서는 어렵지만 타인의 도움을 통해 문제를 해결할 수 있는 환경에서 가장 효과적인 학습이 일어남을 강조했습니다.

Q 저자가 강조하는 '진정한 배움'이란 무엇인가요?

A. 배움은 혼자만의 고통스러운 싸움이 아닙니다. 타인과 함께하는 안전하고 신뢰할 수 있는 환경에서 인간은 더 깊이 배우고 성장할 수 있습니다. 그리고 그 배움을 기반으로 타인을 가르치는 경험을 해보는 것이 진정한 배움입니다.

Q 자발적인 학습이란 정확히 무엇인가요?

A. 자발적 학습은 아이가 외부의 강요나 보상 없이, 스스로 호기심과 흥미를 느끼고 과정 자체를 즐기며 능동적으로 학습에 임하는 상태를 말합니다.

Q 자발적 학습을 위해 부모가 가장 먼저 해야 할 일은 무엇인가요?

A. 아이가 호기심을 보이는 영역을 함께 탐색하는 것입니다. 아이에게 몰입을 강제할 수는 없지만, 몰입할 가능성이 높은 활동을 아이에게 소개하는 것은 부모의 역할입니다.

Q 독서는 왜 중요한가요?

A. 독서는 아이의 언어 능력을 키우고, 학습의 최종 결과물을 상상하고 구조화할 수 있도록 돕습니다. 아이가 흥미를 느끼고 몰입해 다독할 수 있는 책들을 함께 찾아보는 것이 좋습니다.

Q 끈기 있는 모습을 보일 때 아이를 칭찬하라고 했는데, 칭찬할 만한 순간을 발견하는 게 쉽지가 않습니다. 어떻게 하면 좋을까요?

A. 부모, 양육자, 선생님들에게 다음과 같은 방법을 추천합니다. 한쪽 손목에 고무줄을 세 개 착용하고, 아이의 끈기 있는 모습을 발견하고 칭찬할 때마다 고무줄을 한 개씩 반대 손목으로 옮깁니다. 이 방법으로 하루에 최소 세 번, 아이를 칭찬할 수 있습니다. 고무줄이 손목에 가하는 압력 때문에 잊어버리지 않고 '세 번 칭찬하기' 목표를 달성할 수 있습니다.

Q 강제적 학습과 선행 학습은 왜 문제가 될 수 있나요?

A. 강제적 학습은 내적 동기를 약화시키고, 이것이 반복되면 아이는 무기력감을 학습하게 됩니다. 선행 학습은 단기적으로는 효과가 있어 보이지만, 장기적으로는 아이를 만성적 스트레스 상황에 노출시켜 능동적이고 자발적인 학습을 저해합니다.

Q 학습 과정에서 아이가 실수하거나 실패했을 때 어떻게 도와줘야 하나요?

A. 실수는 성장의 일부임을 알려주세요. 아이가 실수로 괴로워할 때, 실수를 통해 더 많은 것을 배울 수 있다는 것을 알려주세요. 실수로부터 오는 좌절감을 견디면 아이는 회복 탄력성과 끈기를 키울 수 있습니다. 또한, 아이가 실수와 실패 후 다시 도전하는 모습을 보인다면, 아이를 격려하고 칭찬해주는 것이 좋습니다.

Q 아이의 자발적 학습을 돕기 위해 양육자가 사용할 수 있는 구체적인 도구나 방법이 있을까요?

A. '준비-실행-완료(GDD)' 모델을 활용해보세요. 학습의 최종 결과물을 먼저 상상하고, 그에 맞춰 실행 방법과 필요한 준비물을 계획하는 방식입니다. 체계화된 틀을 사용해 학습을 반복하면 아이는 구조화 능력을 발달시키게 되며, 학습에 더 자신감을 가질 수 있게 됩니다.

PART

7

심리적 외상

때때로 우리의 마음은
진실에 다가가기보다,
진실을 감추는 데 쓰인다.

안토니오 디마지오
(Antonio Damasio)

7장
심리적 외상

7.1. 어릴적 심연(深淵)을 마주하며

이 장에서는 타인에게 의존할 수밖에 없는 어린 시절, 인간이 경험할 수 있는 심리적 **외상**의 의미에 대해 이야기하고자 한다.

> **외상(Trauma)**
> 개인이 감당하기에 지나치게 큰 고통을 겪은 뒤 나타나는 심리적·감정적 반응 전체.

어린 시절, 인간은 누구나 상처를 경험한다. 앞서 설명했듯이, 아이들의 강한 의존 욕구를 양육자가 완벽히 충족시키는 것은 불가능하기 때문이다. 이로 인해 어린 아이들은 타인과의 관계에서 크고 작은 단절과 상실을 경험하게 된다. 그러나 관계가 다시 회복되는 과정을 통해 상처는 치유되고, 아이는 희망적인 대상 관계를 **내면화**하며 성장하게 된다.

> **내면화(Internalization)**
>
> 타인(주로 부모나 양육자)과의 관계 경험을 자기 내부의 심리적 구조나 성격의 일부로 받아들이는 과정.

 그러나, 아이가 회복이 불가능할 정도의 외상을 겪는다면 상황은 달라진다. 뇌는 생존을 위해 자신이 입은 상처에 관한 기억을 의식 아래로 밀어낸다. 기억의 일부가 사라지거나, 가해자의 공격성을 **동일시**하여 외상을 '정상적인 현상'으로 받아들이기도 하는데, 이는 의식적인 선택이 아닌 생존을 위한 무의식적인 반응에 가깝다. 자신이 입은 외상을 의식하지 못하더라도, 외상이 삶에 끼치는 영향력이 완전히 사라지는 것은 아니다. 특히 어린 시절 겪은 외상은 정신과 신체 발달 전반에 깊은 흔적을 남긴다.

> **동일시(Identification)**
>
> 타인의 특성, 감정, 행동, 가치 등을 무의식적으로 자기 것으로 받아들이는 심리적 과정. 특히, 어린 시절 부모나 양육자와의 관계 속에서 자주 나타난다.

내가 소아정신과 의사가 되기로 결심한 이유 중 하나는, 어린 시절 외상을 겪은 아이들의 회복을 돕고 싶었기 때문이다. 가장 연약한 시기에 어둠을 마주한 아이들에게 믿고 의지할 수 있는 존재가 되고 싶었다. 어쩌면, 어린 시절의 내가 그런 존재를 간절히 원했기 때문일지도 모른다.

어릴 적 나는 폭력을 증오했다. 사실은 두려웠다. 겉으로는 용감한 척했지만, 자와 막대기, 야구 방망이가 몸에 닿을 때마다 공포에 떨었다. '나만 맞는 건 아니니까'라며 스스로를 위로했지만, 내가 존재하는 공간의 모두가 가해자인 동시에 피해자인 것처럼 보이는 현실은 참담했다. 벌을 담담히 받아내며, 힘든 모습을 보이지 않으려 애썼다. 멍든 피부는 마치 검은색과 녹색 물감이 두껍게 칠해진 유화 같았고, 그 그림을 남들에게 들키지 않으려 애썼다. 나는 폭력의 피해자라고 말하는 것이 부끄러웠다.

폭력은 내 어린 시절의 공기와도 같았다. 아침 등교 시간에 복장 불량으로 교문에서 몽둥이 세례를 받거나, 머리 정중앙을 이발기로 밀리고 나면 복수심에 불타올랐다. 그럴 때면 나도 모르게 폭력적인 환상에 사로잡히기도 했다. 다행히 그것이 행동으로 이어지진 않았지만, 그런 상상을 하는 나 자신이 두려웠다. 학교를 그만두는 것도 방법이었지만, 그것은 패배자가 되는 것처럼 느껴져 차마 그럴 수는 없었다.

미국에서 소아정신과 전임의 수련 과정에 지원할 때, 나는 자기소개서 첫 문단에 한국에서 어린 시절 겪은 폭력의 경험을 담았다. 그것을 통해 내가 깨달은 것, 잊고 지내왔던 것, 그리고 회복의 경험에 대해서 적었다. 심리적 외상 환자의 치료를 제대로 배우고 싶었던 나는 이 사실을 숨기고 싶지 않았다. 그런 경험을 문제 삼는 곳이라면, 내가 원하는 것을 배울 수 없을 것이라 생각했다.

『외상과 회복(Trauma and Recovery)』의 저자 주디스 허만(Judith Herman) 교수가 정립한 '복합 외상(Complex trauma)' 개념은 오랜 학대나 방임이 개인의 심리 상태에 어떤 상흔을 남기는지를 설명한다. 이 상처는 타인과의 관계 속에서 발생하기 때문에, 관계 외상이라고도 한다. 관계 외상은 안정적 애착 관계가 주는 이점과는 정반대로 아이의 감정, 행동, 대상 관계, 그리고 삶의 의미를 포함하는 광범위한 영역에 부정적인 영향을 미친다.

"트라우마에 관한 질문은 환자에게 하지 않는 게 좋아. 괜히 긁어 부스럼 만들면 환자만 더 힘들어지니까..." 한국에서 수련할 때, 어느 교수님에게 들을 말이다. 당시에는 교수님의 이야기가 그럴듯하게 들렸다. 바쁜 전공의 입장에서 질문 몇 개를 생략해도 된다는 말은 오히려 반가웠다. 당시 아무도 문제 삼지 않았고, 나도 반박하지 않았다. 지금 생각하면 정말 쓰디쓴 기억이다. 한국에서 일하는 동안, 나는 환자들의 관계 외상을 제대로 살피지 못했다. 누구보다 적극적으로 환자의 외상을 찾고 평가해야 하는 정신과 의사였지만, 나는 그러지 못했다.

한국 사회에서 학대와 방임은 너무도 흔한 일이었다. 가정에서의 체벌은 오랫동안 '훈육'이라는 이름으로 정당화되었다. 많은 사람이 겪었다는 이유로 외상의 부정적인 영향력이 줄어드는 것은 아니다. 오히려 외상을 '아무것도 아닌 일'로 치부하는 사회 분위기 속에서, 외상 경험은 무의식에 머물며 피해자의 삶을 더 비참하게 만들 수 있다. 또한, 타인의 외상에 대해 눈을 감는 순간, 스스로가 외상의 피해자였다는 사실까지 깨닫지 못하게 된다.

프로이트는 『애도와 멜랑콜리(Mourning and Melancholia)』에서, 분노의 **대상**이 사라지면 그 화는 자신을 향한다고 했다. 심리적 외상의 가해자와 피해자 사이에서도 이러한 구도가 나타날 때가 있다. 외상의 피해자는 자연스럽게 가해자에게 분노한다. 그러나, 사회 전체가 "우리도 겪었기 때문에 그것은 외상이 아니다"라며 가해자를 없애버린다면, 피해자의 분노는 자기 자신을 향하게 된다. 그리고 이러한 분노는 자기 비하와 죄책감, 자기 파괴적 행동(자해나 자살)으로 나타날 수 있다.

> **대상(Object)**
>
> 개인이 정서적으로 의미를 부여하고 관계를 맺는 사람이나 존재. 주로 부모, 양육자, 형제 자매, 친구, 애인, 배우자 등이 해당되며, 때로는 신과 같은 상징적 존재도 포함될 수 있다.

심리적 외상에 대한 충분한 논의가 이루어지지 않는 사회의 구성원들은 자기 질책과 자괴감 속에 살아가기 쉽다. 외상을 극복하려면 그것을 있는 그대로 바라보고, 외상에 대해 공개적으로 이야기할 수 있어야 한다.

ACE(Adverse Childhood Experience, 어린 시절 역경 경험) 연구는 1990년대 중반, 미국 캘리포니아 남부의 카이저(Kaiser) 보험 가입자 17,000여 명을 대상으로 진행되었다. 연구팀은 이들이 18세 이전에 겪은 학대와 방임 경험을 설문으로 평가해, 개인별로 0점에서 10점까지 ACE 점수를 부여했다. 점수 산정은 다음 세 가지 영역에서 총 10가지 항목으로 이루어졌다.

학대	1. 정서적 학대	가정 내 문제	6. 중독·약물 문제
	2. 신체적 학대		7. 정신질환 문제
	3. 성적 학대		8. 가정 폭력
방임	4. 정서적 방임		9. 가정 내 범죄자
	5. 신체적 방임		10. 이혼·별거

ACE 점수가 높을수록 어린 시절 더 많은 역경을 경험한 것으로 간주된다. 연구 대상자 중 ACE 점수가 1점 이상인 사

람은 전체의 64%에 달했고, 4점 이상인 사람도 6명 중 1명 꼴이었다. ACE 점수가 높을수록 심근경색, 만성 폐질환, 폐암, 당뇨, 간질환, 비만, 성병 등 다양한 질환의 위험이 증가했으며, 65세 이전 조기 사망률도 높아졌다. 정신 건강 측면에서도 조울증, ADHD, 우울증, 불안 장애의 진단 가능성이 ACE 점수와 비례해 증가했다. 특히 자살 시도율은 ACE 점수가 6점 이상일 경우, 0점인 사람보다 무려 50배가 높았다. 알코올 및 약물 남용 역시 ACE 점수와 밀접한 관련이 있었다.

　　이 연구는 학대와 방임과 같은 만성 스트레스로부터 미성년자들을 보호하는 일이 얼마나 중요한지를 보여준다. 어린 시절 겪게 되는 부정적 경험이 아이 평생의 정신·신체 건강과 삶의 질을 좌우할 수 있기 때문이다.

―

한국과 미국의 진료실에서 아이들을 진료하면서, 나는 내가 어린 시절 겪었던 고통이 단순한 스트레스가 아니라, 외상에 가까운 것이었다는 점을 깨달았다. 획일화된 교육 시스템과 치열한 경쟁 속에서, 수면·운동·놀이가 만성적으로 부족한 환경은 극심한 스트레스를 유발한다. 아직까지도 한국에서는 이런 환경을 '통과 의례'로 당연하게 여기며 아이들이 겪는 문제를 쉽게 외면하는 것처럼 보인다. 또한, 청소년기를 질풍노도의 시기로 명명하고, 만성 스트레스에 대한 아이들의 부적응적인 심리적 반응까지도 정상적인 것처럼 여기곤 한다.

더 큰 문제는, 아이들을 기르는 어른들조차 자신의 고통에 대해 제대로 된 돌봄을 경험한 적이 없다는 사실이다. 자신들과 다음 세대의 고통에 귀 기울이지 못하는 이 악순환을 끊어내지 못한다면, 결국 사회 전체의 건강 역시 위협받게 될 것이다. 따라서, 현재 아이를 키우는 부모라면, 어린 시절의 고난과 역경이 신체적·정신적 건강에 어떤 영향을 미칠 수 있는지를 충분히 이해하고 있어야 한다.

7.2. 해리(解離): 스스로를 배신해야만 할 때

미국에서는 매년 약 30만 명의 아동이 학대와 방임의 피해자로 신고되고 있으며, 정신과 진료를 받는 이들 중 절반 이상이 어린 시절 폭행, 유기, 성폭력, 가정 내 폭력 등에 노출된 경험이 있는 것으로 파악된다.

'복합 외상 후 스트레스 장애(complex PTSD)'는 가정 폭력이나 성폭력 피해자들이 겪는 증상이 참전 군인의 **PTSD**증상과 유사하다는 점에서 기인해 만들어진 개념이다. 가장 안전하다고 여겨져야 하는 가정이라는 공간에서 누군가는 자신만의 전쟁을 치르고 있는 것이다. 기존의 PTSD 진단 기준만으로는 장기간 심리적 방임이나 학대에 장기간 노출된 이들의 독특한 증상 양상을 설명하기 어려웠다. 그러나, 복합 PTSD 개념은 피해자들이 보이는 복잡한 외상 관련 증상을 이해하는데 중요한 틀을 제공했다.

> **외상 후 스트레스 장애(PTSD)**
>
> 충격적인 사건을 목격하거나 생명의 위협을 경험한 후 나타나는 심리적 장애. 재경험, 회피, 부정적 감정 경험, 과다 각성을 주 증상으로 한다.

내가 도라(Dora)와 처음 만나기 전에, 도라는 내게 자신의 뇌를 묘사한 일러스트를 보내왔다. 12개의 구역으로 나뉜 뇌에는 각기 다른 이름과 기능이 적혀 있었다. '도라'라고 쓰여진 공간 아래에는 '일'이라는 단어가 적혀 있었다. 복잡한 화살표들이 뇌의 서로 다른 구역 간의 상호 작용을 나타내고 있었다.

진료실에서 만난 도라는 담담하게 자신의 과거를 이야기했다. 초등학교 입학 전부터 가족 중 한 명에게 반복적으로 성폭행을 당했지만, 중학생이 되어서야 이를 처음으로 상담사에게 털어놓을 수 있었다. 가해자는 법적 처벌을 받았지만, 도라의 내면은 이미 **파편화**되어 있었다.

그녀는 성폭행의 피해자였던 시기의 자신을 '케이라(Keira)'라고 불렀다. 극심한 내면의 혼란을 겪으며 자란 케이라는 생존을 위해서는 학대 사실을 숨기고 가족을 지켜야 한다고 믿었다. 그러나 시간이 지날수록 옳고 그름의 기준은 흐려졌고, 세상은 그녀에게 위협으로 가득찬 곳으로 느껴졌다. 케이라는 모든 사람들이 자신을 노리고 있는 것처럼 느꼈다.

(내면의) 파편화

외상 경험으로 인해 자아가 여러 부분으로 나뉘는 현상. 각 파편은 선택적으로 일부 감정이나 기억과 연결되는데, 때로는 이름과 성격을 갖춘 독립된 인격처럼 기능하기도 한다.

이차 성징이 시작되며 성욕을 느끼게 된 케이라는 그런 자신을 혐오하게 되었고, 삶을 무의미하다고 느꼈다. 그녀는 더 이상 학업을 이어나갈 수 없었고, 고등학교를 중퇴하고 말았다. 그녀는 자해를 통해서만 살아 있음을 확인할 수 있었다.

"케이라는 아직도 수치심에 떨며 울고 있어요." 도라는 외상의 피해자인 자신에게 '케이라'라는 이름을 부여함으로써, 고통스러운 시절의 자신을 현재의 삶에서 분리시켰다. 자신이 견딜 수 없던 기억을 '케이라'라는 타자에게 전가한 것이었다. 그렇게 하지 않으면 도라는 일상을 살아갈 수 없었다. 이후에도 도라는 스스로 여러 이름을 만들어냈고, 각 이름마다 특정한 기능을 부여했다. 스포츠를 좋아하는 자아, 남들 앞에서 당당하게 말하는 자아 등, 도라가 만들어낸 각각의 자아는 모두 독립된 정체성을 지닌 것만 같았다. 도라는 이런 파편화 전략으로 검정고시에 합격했고 훌륭한 대학에도 진학했다.

그러나 성인이 되어 연애를 시작하면서 도라의 방어 기제는 한계를 드러냈다. 도라는 상대방이 떠나갈 것 같은 두려움 때문에 자신이 사용하는 다른 이름들을 연인들에게 밝히지 못했다. 연인과의 신체 접촉이 시작되면 케이라가 나타나 도라의 인격을 집어 삼켰고, 그녀의 몸은 두려움에 뻣뻣하게 굳어버렸다. 케이라는 타인을 갈망하거나 타인과 친밀해질 수 없었다. 케이라가 등장하면 도라는 무력했던 어린 시절의 자신이 되어버렸다. 결국 도라의 연인들은 모두 그녀를 떠났다. 도라는 누군가는 자신의 이야기를 귀담아 들어주길 바라면서도, 그 바람조차 사치라고 느꼈다. 도라는 파편화된 자신의 자아와 거기에 붙여진 수많은 이름을 있는 그대로 이해해줄 사람은 없다고 생각했다.

도라는 큰 스트레스를 받는 환경을 마주하면 새로운 이름을 만들어냈다. 그리고 그 새로운 인격이 기존의 인격들과 어떤 관계인지를 치밀하게 분석했다. 그녀는 마치 감정을 느끼지 않는 사람처럼 행동했고, 지나치게 논리적인 그녀의 태도는 주변 사람 모두를 떠나가게 만들었다. 도라는 극단적인 **지식화**를 통해 마음 속 불안을 잠재워야만 했다.

> **지식화(Intellectualization)**
> 불안이 야기되는 상황을 매우 논리적이고 이성적으로 분석함으로써 부정적 감정을 회피하는 방어 기제.

나는 도라가 안전하게 자신의 이야기를 할 수 있도록 돕고 싶었다. 일관된 경청을 통해 진료실이 '아무것도 숨길 필요 없는 공간'임을 전달하고자 했다. 그녀 내면의 여러 인격들이 하나도 빠짐없이 모두 환영받기를 진심으로 바랐다.

비록 시간이 걸렸지만, 도라는 정신 치료를 통해 케이라 역시 자신의 일부라는 것을 조금씩 받아들이기 시작했다. 도라는 자신을 고통스럽게 했던 어린 시절의 심연(深淵)에서 천천히 벗어나고 있었다. 도라는 자신이 과거에 경험했던 일들을 있는 그대로 바라볼수록, 현재 삶에 더욱 충실할 수 있다는 것을 깨달았다. 그녀는 현재 자신이 스스로를 보호할 수 있는 심리적, 인적, 물리적 자원을 가진 성인임을 점차 느낄 수 있었다.

가족 내에서 발생하는 외상은 한 인간의 내면 세계를 산산조각 낼 수 있다. 특히, 피해자가 미성년자일 경우, 생존을 위해 가해자인 양육자에게 의존해야만 하는 상황은 극도의 불안을 유발한다. 가해자를 단죄하고 그로부터 격리되고 싶은 마음과 그에게 의존할 수밖에 없는 소망이 상충될 때, **해리**가 일어난다.

> **해리(解離, Dissociation)**
> 감정, 기억, 정체성, 인식 등의 여러 심리적 기능이 분리되는 현상. 외상 상황에서 생존을 위해 발생하는 심리적 방어 기제.

해리는 외상 생존자의 내면을 이해하는데 필요한 핵심 개념이다. 해리는 외상과 관련된 감각과 기억을 무의식 수준으로 밀어내기 위해 마음에서 일어나는 기억, 감정, 정체성의 단절이다. 이로 인해 기억에 공백과 틈이 생기고, 세상은 낯설고도 비현실적인 '설명할 수 없는 느낌이 드는' 공간처럼 여겨진다. 도라의 사례에서처럼, 해리는 외상 기억을 특정 인격(케이라)에게 맡김으로써 일상에서의 불안을 줄여주기도 하지만, 해리가 주된 방어 기제가 되면 삶을 주체적으로 살 수 없게 된다. 해리가 지속되면 자신이 외부 환경을 변화시킬 수 있다는 희망과 도전 탐험의 동력을 상실하게 된다. 즉, 현재를 살지 못하고 외상이 일어난 과거에 머물게 되는 것이다.

　학대에 장기간 노출된 이들은 일상에서는 꿈속을 걷는 듯한 멍한 상태로 지내다가도, 큰 물리적·심리적 위협 앞에서만 감각이 깨어나고 살아있음을 느끼는 경험을 한다. 그들은 지나치게 안전하고 평범한 일상에서는 삶의 의미를 찾는데 어려움을 겪는다.

　흔히, 외상 생존자는 해리를 통해 과거를 부정하고 자유를 꿈꾸지만, 그 부정이 오히려 현재의 삶에서 자신을 더 고립시킨다. 해리는 의식적으로 일어나는 것이 아니기에, 단순한 조언이나 격려로는 치료가 어렵다. 생존자는 안전한 타인의 존재를 경험하면서, 현재에 단단히 발을 딛고 과거를 재방문해야 한다. 그랬을 때, 자신이 경험했던 끔찍한 외상이 '현재진행형'이 아닌 '과거의 사건" 임을 인식하고 미래로 나아갈 수 있다.

7.3. 학대와 방임은 어떻게 상처를 남기는가

네이트(Nate)는 소아 입원 병동에서 만난 만 5세 남자아이였다. 네이트는 거친 욕설을 내뱉고 두 팔을 공격적으로 휘두르며 병원 복도를 누비고 다녔다. 5살이라고 볼 수 없는 큰 덩치 때문에, 성인인 나도 네이트가 위협적으로 느껴질 정도였다. 네이트의 양부모는 가정에서 그의 폭력적인 언행을 더는 감당할 수 없어 경찰을 불렀고, 경찰은 그를 응급실로 데려왔다. 의료진은 타해의 위험성을 우려해 입원을 권유했다.

네이트가 태어났을 때, 그의 친모는 갓 스무 살이었고, 친부는 일찍이 양육에 참여하지 않았다. 친모는 학업을 중단하고 일과 육아를 병행했지만, 가족의 도움은 받을 수 없었다. 그녀의 부모는 이미 세상을 떠났고, 다른 친척들은 미국 밖에 있었다. 그럼에도 네이트의 친모는 미국에 남기로 결심했다. 그것이 자신과 아이를 위한 최선이라 믿었다.

하지만 친부는 예고 없이 찾아와 폭언과 폭력을 일삼았다. 친모는 고통을 견디기 위해 점점 술에 의존하게 되었고, 낮에도 술에 취해 아이를 돌보지 못하는 날이 많아졌다. 네이트가 두 살 무렵, 이웃의 신고로 아동보호국이 개입했다. 집 안은 악취로 가득했고, 친모는 네이트의 용변조차 제대로 처리하지 못할 정도로 무기력했다.

결국 네이트는 보호시설로 옮겨졌고, 친부는 폭행 혐의로 수감되었다. 네이트는 네 살 무렵 지금의 양부모에게 입양되었다. 그들에겐 이미 두 살배기 외동딸 카나(Kana)가 있었다. 네이트는 평소엔 카나와 잘 지내는 것처럼 보였지만, 양부모가 카나에게 더 관심을 보인다고 느낄 때면 분노를 주체하지 못했다. 카나의 몸엔 멍과 상처가 끊이지 않았고, 집에는 네이트의 벽엔 발길질로 생긴 구멍이 벽면에 가득했다. 어느 날, 네이트는 양어머니를 계단에서 밀어 떨어뜨렸다. 그녀는 계단을 구르며 머리를 다쳐 병원 치료를 받아야 했다. 그날 이후 양부모는 밤마다 카나와 함께 방문을 잠그고 자야 했다.

내가 네이트의 병실 문을 열었을 때, 방 안은 약간의 악취와 정적으로 가득했다. 네이트는 매트리스와 이불로 자신이 쌓아올린 작은 성 안에 조용히 웅크리고 있었다. 그는 말 대신 행동으로 타인과의 관계를 원치 않음을 알리고 있었다. 내 소개를 하자, 네이트는 성에서 나와 방 안을 뛰어다녔다. 그리고는 과장된 웃음소리를 내며 옷장 꼭대기로 기어 올라갔다. "이제 '바닥은 용암(Floor is Lava)' 놀이를 시작하는 거예요!" 네이트는 준비되어 있지 않은 나에게 '바닥을 밟는 사람이 지는' 게임을 시작한다고 외쳤다. 나는 급히 침대 위로 올라갔고, 네이트는 나를 밀어 바닥에 떨어뜨리려 했다. 다섯 살이라고는 믿기 어려운 힘이었다.

"지금 날 밀고 싶은 기분이구나. 그런 감정을 표현해줘서 고마워. 그런데 좀 더 안전한 방법을 같이 찾아보면 좋겠다." 내가 말하자 네이트는 다시 옷장 위로 올라가 얼굴을 붉히며 씩씩댔다. 놀이가 자신의 뜻대로 되지 않자 화가 난 것처럼 보였다. 곧이어 그는 선반 깊숙한 곳에 놓아둔 음식들을 꺼내 나에게 던지기 시작했다. 그제야 방 안에 풍기던 미묘한 악취의 정체를 알 수 있었다. 네이트는 친모와 살았던 시절처럼 언제라도 식사가 끊길 수 있다는 사실을 걱정해 병원 식사 시간에 나온 음식을 숨겼던 것이다. 병원이라는 공간에서조차 그는 생존의 위협을 느끼고 있었다.

나는 네이트가 집에서도 이와 비슷한 감정을 느꼈으리라고 생각했다. 음식을 던지는 것은 미움이 아니라 두려움의 표현이었다. 누군가와 가까워지고 싶지만 결국에는 버려지고 말 것이라는 불안이 그를 지배하고 있었던 것이다. 네이트는 친밀한 관계조차 두려워했고, 무의식적으로 사람들을 밀어냈다. 자신이 일방적으로 정한 놀이 규칙을 따르지 않는 내 모습에서 자신이 부정당했다고 느꼈을 것이다. 내가 놀이를 더 안전하게 하자고 제안한 순간, 그는 또 한 번 거절당했다고 느꼈을지 모른다.

그는 또래와의 놀이도 온전히 즐기기 어려워했다. 어릴 적 외상의 경험은 그의 뇌에 '작은 위협에도 싸우거나 도망쳐야 한다'는 행동 전략을 각인시켰다. 타인에게 버려지는 것보단 자신이 타인을 밀어내는 것이 쉬웠다. 네이트의 행동은 단순한 '문제 행동'이 아니라, 생존을 위한 몸부림이었다. 다행히 급성 치료가 끝나고 병동을 떠나는 날이 되었을 때, 네이트는 병동의 또래들과 물리적 충돌 없이 함께 놀 수 있었다.

네이트가 병동에서 보인 행동을 이해하기 위해서는 어린 시절 겪는 심리적 외상이 뇌에 어떤 영향을 끼치는지를 알아야 한다. 학대와 방임은 가끔씩 떠오르는 단편적인 기억의 조각으로 저장되고 끝나는 것이 아니라, 뇌가 작동하는 방식 자체를 바꾼다. 외상 이후의 뇌의 상태는 이전과는 다르며, 이 때문에 이후의 삶 역시 완전히 달라질 수밖에 없다. 나는 아이를 키우는 모든 양육자가 이 점을 꼭 기억했으면 한다. 그리고 이와 관련한 신경과학적 기전을 숙지했으면 한다.

손을 이용해 뇌의 구조를 이해하는 것으로 시작해보자. 엄지를 손바닥 안으로 접고, 나머지 네 손가락으로 엄지를 감싸보자. 이때 엄지는 감정을 담당하는 **변연계**, 이를 덮는 네 손가락은 고차원 인지 기능을 담당하는 뇌 피질이라고 볼 수 있다. 변연계는 피질 안쪽 깊숙이 보호되어 있다. 두개골이 뇌를 보호하듯, 생존에 더 필수적인 기능을 하는 변연계가 피질로 감싸져 있다. 뇌 피질은 추론, 계획, 문제 해결을 담당해 '인간 뇌'라 불리며, 변연계는 공포, 기쁨, 슬픔 등 감정을 조절해 '포유류 뇌'로 불리기도 한다.

변연계(Limbic System)

감정과 각성 상태 조절을 담당하는 뇌의 구조로, 생존과 관련된 본능적 반응을 담당한다. 불안 조절의 핵심 기능을 담당하는 편도체가 여기에 포함된다.

이중 변연계에 위치한 편도체는 뇌가 심리적 외상에 대처하는 과정에서 핵심적 기능을 한다. 편도체는 뇌의 '화재 경보기' 역할을 맡는다. 즉, 위협을 감지하고 몸이 어떤 반응을 보일지를 결정하는 것이다. 반복적인 학대나 방임 같은 만성 스트레스는 편도체를 과도하게 활성화시켜, 일상적인 자극에도 강한 공포 반응을 유발하는데, 이를 **편도체 납치** 현상이라고 한다.

편도체 납치(Amygdala Hijacking)

실제 위협이 없는데도 과거 외상과 유사한 자극에 편도체가 과잉 반응하여 차분하게 이성적 판단을 내리기 어려워지는 현상.

편도체 납치 상황에서는 위협이 실재하지 않는다고 해도, 과거의 외상이 연상되는 유사 상황에서 스트레스 호르몬인 코르티솔과 아드레날린의 작용이 과장되어 나타난다. 이것은 학대와 방임이 뇌에서 NR3C1이라는 유전자의 발현을 증가시켜, 그 유전자가 만들어내는 단백질인 스트레스 호르몬 수용체가 더 많이 생산되기 때문이다. 이러한 기전으로 인해 실재 위협이 사라진 후에도, 이들의 몸에서는 여전히 높은 수준의 스트레스 호르몬이 검출된다. 스트레스 호르몬은 짧은 기간 동안은 스트레스에 대한 몸의 적응력을 높이지만, 만성적으로 분비되는 경우엔 집중력, 감정 조절, 충동 조절 등에 악영향을 미친다.

그렇기에 외상 생존자는 과거 외상을 연상시키는 상대방의 사소한 발언이나 표정 변화에도 극단적인 감정 반응을 보일 수 있다. '자라보고 놀란 가슴 솥뚜껑보고 놀란다'는 속담은 이런 신경과학적 현상을 잘 담고 있다. 변연계가 과도하게 활성화된 상태에서는 뇌 피질을 통해 차분하고 이성적인 판단을 기대하기 어렵다.

이제, 심리적 외상이 육체와 정신에 끼치는 영향에 대해 정리하면서 이 절을 마무리하고자 한다.

---

1. 집행 기능의 저하

어린 시절의 외상은 작업 기억, 주의력, 충동 조절, 학습 능력 등의 집행 기능 전반에 부정적 영향을 끼친다. 예를 들어, 작업 기능이 약화되면 방금 하던 일을 잊기 쉬워지고, 이는 주의력 저하와 산만함으로 이어진다. 이런 증상은 ADHD와 유사해

보일 수 있어, 치료진이 외상 이력을 적극적으로 확인하지 않으면 잘못된 진단과 치료로 이어질 위험이 있다.

2. 자기 조절의 어려움

외상의 피해자는 과도하게 각성되거나 무기력해지는 등, 자기 조절의 어려움을 겪는다. 감정 조절이 어렵기 때문에 짜증과 분노를 쉽게 느끼고, 극단적으로는 자살 사고나 자해 행동을 보일 수 있다. 수면과 식이 문제도 나타나며, 술, 담배, 마약과 같은 물질의 남용이나 규칙 위반, 성적(sexual) 행동 문제로 이어지기도 한다.

3. 분열

부모 양육자에게 외상을 입은 아이는 내적 혼란을 줄이기 위해 **분열**이라는 방어 기제를 사용하게 된다. 앞서 살펴본 도라의 사례에서처럼, 해리 역시 분열의 일종이다. 자신을 보호해야 할 존재가 동시에 해를 끼치는 존재일 때, 아이는 양육자를 '완전히 좋은' 혹은, '완전히 나쁜' 사람 중 하나로 이해하려고 한다. 이는 인간 스스로 복잡한 감정을 단순화시켜 고통을 줄이려는 시도이다. 그러나 이 방어 기제가 지속될 경우, 타인과의 관계에서 상대를 이상화하거나 철저히 폄하하는 등의 극단적인 반응을 보이게 되어, 타인과 신뢰를 바탕으로 한 관계를 만드는데 어려움을 겪게 된다.

> **분열(Splitting)**
>
> 자신이나 타인을 '완전히 좋은' 혹은, '완전히 나쁜' 사람으로 나누어 인식하는 방어 기제. 내면에서 경험하는 복잡한 감정을 단순화하여 심리적 안정을 유지하려는 무의식적 시도이다.

4. 정체성의 혼란

학대와 방임을 겪은 아이는 자신의 욕구보다 양육자의 바람을 충족시키는 것을 우선시하게 되는데, 이를 **부모화**라고 한다. 이들은 때때로 '의젓하다'는 평가를 받지만, 정작 자신이 무엇을 원하고 있으며, 어떤 사람인지에 대해 탐색할 기회를 박탈당한 경우가 많다. 또한 외상 생존자는 외상과 관련된 기억과 감정이 현재와 지나치게 분리되어 자신의 삶을 일관된 이야기로 풀어내기 어렵게 된다.

> **부모화(Parentification)**
>
> 아이가 자신의 욕구를 억누르고 양육자의 요구에 맞춰 어른처럼 행동하는 현상. 건전한 자아를 발달시키는데 장애물이 된다.

5. 놀이와 탐험의 제약

외상 경험자는 뇌가 위협을 감지하고 피하는 일에 과도하게 집중되어 있어, 호기심이나 공감 능력과 같은 기능이 위축된다. 마음속에 일어나는 감정이나 생각을 관찰하는 능력은 정신건강의 핵심인데, 외상 생존자는 자신의 내면을 바라보면서 생각을 가지고 놀 수 있는 여유를 갖기 어렵다. 고통스러운 감정을 회피하려는 경향은 자기 탐색을 방해하고, 도전에 대한 두려움은 삶의 기회를 제한하며 스스로를 무력감에 빠뜨리기 쉽다.

6. 관계 유지의 어려움

외상 생존자의 뇌는 항상 '생존 모드'에 맞춰져 있다. 이런 상황에서는 '타인은 나를 배신하고 피해를 주는 존재'라는 대상 표상이 발달하게 되면서, 누구도 신뢰하기 어려워진다. 특히 그것이 친밀한 관계에서 발생했을 경우, 그 영향력은 더욱 파괴적이다. 이로 인해 가족, 친구, 동료와의 깊은 관계를 형성하는 것 역시 어려워지며, 종종 폭력이나 소송과 같은 극단적인 방식으로 유대감을 느끼려는 경향이 나타나기도 한다.

7. 성 조숙

성적·신체적 학대를 겪은 아이는 적대적인 외부 환경에 적응하기 위해 스스로의 생체 시계를 앞당긴다. 생존에 어려운 상황에 있음을 인지한 뇌가 빠르게 번식해서 자손을 남기는 방향으로 호르몬 분비 체계를 조정해 나가는 것이다. 실제로 어린 나이에 만성 스트레스를 겪은 아이들에게서는 사춘기와 2차 성징이 더 이르게 나타나며, 이는 성장의 조기 종료 및 최종 신장의 감소로 이어지기도 한다.

7.4. 세대를 뛰어넘는 상처

1975년, 정신분석가 셀마 프레이버그(Selma Fraiberg)는 「어린 이집의 유령들(Ghosts in the Nursery)」이라는 논문을 발표했다. 논문에는 두 명의 영아와 그들의 어머니 사례가 소개된다. 이 어머니들은 아이에게 친밀감을 느끼지 못해 괴로워했고, 저자들은 그 원인을 양육자의 심리적 외상 경험에서 찾았다. 이 외상은 의식적으로 기억되지 않더라도 행동으로 드러났고, 저자들은 이를 '유령'이라 불렀다. 논문은 이러한 유령의 기원을 밝히는데 그치지 않고, 정신분석적 접근을 통해 이를 어떻게 극복할 수 있을지 제언했다.

이 글은 심리적 외상이 세대를 뛰어넘어 어떻게 영향을 미치는지를 탁월하게 보여준다. 출간된 지 50년이 지난 논문이지만, 지금도 읽을 때마다 새로운 통찰을 얻곤 한다. 나는 이 논문이 정신건강 전문가뿐 아니라, 모두가 한 번쯤 읽어볼 가치가 있다고 생각하기에, 논문에 실린 사례 중 하나를 요약해서 소개하고자 한다.

그렉(Greg)은 생후 4개월 된 남자아이였고, 그의 어머니 애니(Annie)는 16세였다. 애니가 병원에 온 이유는 그녀가 아이를 돌보지 못하고 양육을 회피했기 때문이다. 애니는 아이를 만지거나 안아줄 수 없었고, 결국 19세인 친아버지 얼(Earl)이 주양육자가 되었다.

애니는 어려운 환경에서 자랐다. 애니의 친아버지는 그녀가 5살 때 사망했고, 어머니는 일을 하느라 집을 자주 비웠다. 이 때문에 그녀는 9살 때부터 집안일과 동생 돌보는 일을 도맡았고, 그 와중에 계부는 술에 취해 그녀를 학대했다. 이후 그녀의 어머니가 재혼해 아이를 낳았지만, 애니는 가족 중 누구에게도 관심 받지 못했다. 애니는 자신의 어린 시절이 고통스러웠다는 사실조차 인식하지 못했다.

"어린 시절 그런 환경에서 정말 힘들었을 것 같아요." 치료진의 이런 공감 어린 반응을 접한 뒤, 애니는 비로소 과거의 기억을 떠올릴 수 있었고, 점차 그렉에 대한 연민 역시 싹틔우기 시작했다. 그러나 치료진과 몇 차례의 만남 이후, 애니는 치료실에 나타나지 않았다. 그녀가 과거를 들여다보면 볼수록, 무의식 속에 묻어둔 어린 시절 고통스러운 감정들이 기억과 함께 떠올랐기 때문이다.

애니는 어린 시절의 경험에서 '아무도 나를 돌보지 않을 것'이라는 대상 표상을 갖게 되었고, 치료진도 결국 자신을 버릴 것이라 생각할 수 밖에 없었다. 그녀는 치료를 회피하고 치료진과의 관계를 끊어냄으로써 **삶의 주체성**을 지키고자 했다.

자기 보호와도 같은 회피를 통해 애니는 다음과 같은 자신의 신념을 강화시켰다.

'정말로 내가 사람들을 필요로 할 때, 정작 그들은 사라져 버리지.'

> **삶의 주체성(Sense of Agency)**
> 자신의 삶을 스스로 선택하고 조절할 수 있다는 감각. 외상 경험이 있는 사람은 이를 지키기 위해 관계를 회피하거나 단절하기도 한다.

애니의 행동은 그녀와 그렉을 치료진이 포기하도록 무의식적인 압력을 행사했다. 하지만 애니의 행동으로부터 그녀의 대상 표상을 이해한 치료진은 그녀가 오히려 더 많은 도움이 필요한 환자임을 깨달았다. 그 무렵 그렉은 애니에게서 더욱 방치되었고, 반복되는 호흡기 감염에도 병원에서 제 때 치료를 받지 못했다. 치료진이 아동보호서비스 신고 여부를 고민하던 중, 애니가 다시 병원을 찾아왔다.

애니는 과거를 떠올릴수록 분노가 치밀어 오르고, 그 분노는 슬픔과 공포를 거쳐 살의로까지 이어진다고 말했다. 이 때문에 애니는 그런 감정을 느끼게 하는 모든 상황을 스스로 회피하며 살아왔던 것이다. 그녀는 자신의 감정에 압도되는 것보다는 과거를 완전히 잊는 것이 더 안전하다고 느꼈다. 하지만, 감정은 억압한다고 사라지는 것이 아님을 곧 깨달았다.

치료가 진행되면서 애니는 자신의 분노를 조금씩 말로 표현할 수 있게 되었고, 그런 감정을 들여다보는 것을 두려워하지 않게 되었다.

"어린 시절 얼마나 무서웠을까요. 당신은 그때 어린아이였어요. 그런데도 당신을 보호해 주는 사람이 없었어요. 모든 아이들은 돌봄과 보호를 받을 권리가 있어요. 기억하기 고통스러워도 이런 기억을 받아들이면서 당신이 원하는 엄마가 되는 방법을 함께 찾아가요."

애니는 치료 과정에서 자신의 분노를 있는 그대로 받아들여주는 사람들과 처음으로 교감했다. 그리고 동시에, 자신의 상처를 아이에게 물려주고 싶지 않다는 바람을 드러냈다. "내 아이가 나를 무서워하길 원치 않아요. 내가 받은 상처를 아이에게 물려주고 싶지 않아요."

치료가 진행되며 애니는 그렉을 품에 안을 수 있게 되었고, 그녀의 유령은 그렇게 사라졌다. 애니의 사례에서 알 수 있듯이, 부모가 어린 시절 학대를 경험했더라도 자신의 감정을 충분히 인식하고 애도한다면 다음 세대에서 악순환이 반복되는 것을 막을 수 있다.

―

애니가 사용한 **억압**과 **감정의 고립**이라는 방어 기제는 의지와 상관없이 그녀가 겪은 과거를 반복하게 만들었다. 외상 피해자들은 종종 자신이 피해자였다는 사실조차 인식하지 못한 채 살아간다. 또, 많은 폭력의 피해자들이 폭력을 별일이 아니라 여기며 오히려 자기 자신을 가해자와 동일시하기도 한다.

> **억압(Repression)**
>
> 받아들이기 힘든 감정이나 기억을 무의식적으로 밀어내는 방어 기제. 의식적으로는 회상하지 못하더라도, 억압된 과거의 사건은 무의식 중에 행동이나 감정 반응에 영향을 준다.
>
> **감정의 고립(Isolation of Affect)**
>
> 특정 기억은 떠올릴 수 있지만, 그에 수반되는 감정은 느끼지 못하는 상태. 외상 피해자에게서 자주 나타나는 방어 기제.

그러나, 외상의 영향력을 무시하려고 하면 할수록 해당 기억은 '유령'이 되어 자신과 다음 세대에 더 큰 영향을 끼친다. 과거의 외상을 억압하고 살아가는 부모는 아이의 다양한 감정에 공감하기 어렵고, 아이는 감정의 결핍 속에서 자라게 된다. 이러한 악순환을 끊어내고 다음 세대에 '유령'을 물려주지 않으려면, 자신의 고통을 안전한 환경에서 말할 수 있는 타인의 도움이 반드시 필요하다. 어린 아이들은 신체와 인지 발달이 충분히 일어나지 않은 미완의 존재이기에, 신체적·정서적·성적 학대와 방임과 같은 외상에 더 취약할수 밖에 없다. 이 사실을 기억하고 외상이 대물림되지 않도록 노력해야 한다.

외상이 이미 발생한 경우라도, 회복은 가능하다. 자녀나

혹은 자신이 외상의 피해자라고 생각된다면 즉시 정신 건강 전문가의 도움을 받는 것을 권한다. 외상 치료에서 가장 중요하고 선행되어야 할 과정은 '안전한 환경'을 만드는 것이다. 외상이 지속되는 한, 치료는 이어질 수 없다. 만약, 부모가 자녀에게 사랑이라는 명분으로 반복적인 체벌을 가하고 있다면, 지금 당장 멈춰야만 한다. 아이가 겪는 외상의 경험이 현재 진행형이라면, 그 어떤 지지의 언어나 칭찬도 아이의 마음에 와닿을 수 없기 때문이다.

양육자와 부모가 집에서 기울일 수 있는 노력은 아이의 감정을 읽고 거기에 충분히 공감하는 것이다. 아이가 좌절스러운 상황에 놓였을 때, "너 그때 정말 무서웠을 것 같구나"와 같은 말로 아이의 감정을 추측해보자. 특히 외상 경험이 있는 사람에게는 이러한 **정서적 조율**이 신뢰와 회복의 첫걸음이 된다. 이 사실은 아이와 양육자의 관계에서뿐만 아니라, 친구나 연인, 배우자 간 관계에서도 동일하게 적용된다.

정서적 조율(Emotional Attunement)

타인의 감정을 민감하게 읽고 공감하는 작용을 칭함. 아이의 감정 발달과 회복에 핵심적인 역할을 한다. 앞서 설명한 '정신화'와 밀접하게 연관되어 있다.

어린 시절 외상의 '유령'으로부터 벗어나는 것은 혼자서는 완주하기 힘든 여정이다. 이 여정에는 신뢰할 수 있는 타인과의 동행이 필요하다. 안전하게 의존할 수 있는 대상이 존재할 때, 외상을 경험한 이들은 과거의 굴레에서 벗어나 새로운 삶의 가능성을 찾을 수 있다.

나는 이 책을 읽는 많은 부모들이 아이에게 언제든지 '의존할 수 있는 존재'가 되어줄 것이라 믿는다. 그리고 부모 자신에게도 과거 외상의 경험이 있다면, 그 이야기를 들어줄 수 있는 믿을 만한 누군가가 반드시 필요하다는 사실을 잊지 않았으면 한다. 그래야만 우리는 더 이상 과거의 유령에 사로잡히지 않고, 자신과 다음 세대를 위한 새로운 이야기를 써내려갈 수 있게 될 것이다.

Q 어릴 때 경험한 반복적인 체벌도 외상에 해당하나요?

A. 그렇습니다. 많은 사람이 겪었다고 해서 외상이 아닌 것은 아닙니다. 반복적이고 만성적인 스트레스는 뇌와 몸에 깊은 흔적을 남깁니다.

Q 외상을 경험한 사람들은 왜 타인과 친밀한 관계를 맺는 것을 두려워할까요?

A. 과거 자신에게 사랑을 주고 자신이 의존해야 했던 존재에게서 상처를 받았기 때문에, 친밀함의 경험 자체를 역설적이게도 위협으로 받아들이게 됩니다.

Q 외상은 어떻게 세대를 넘어 전달되나요?

A. 외상은 단순히 나쁜 기억으로 남지 않고, 인간이 감정을 처리하고 관계를 맺는 방식에 악영향을 미칩니다. 부모가 자신의 외상 경험을 외면한다면, 아이가 느끼는 고난을 공감하고 지지하는데 어려움을 겪게 되고, 이로 인해 아이는 만성적인 정서적 결핍을 경험하게 됩니다.

Q 이미 외상을 경험한 아이의 회복을 돕기 위해 부모가 할 수 있는 일은 무엇인가요?

A. 회복의 핵심은 '안전한 관계'입니다. 안정적인 환경에서 아이가 자신의 감정을 편하게 표현할 수 있도록 도와주세요. 또한, 부모 자신이 과거에 외상을 경험했다면 스스로의 상처를 돌아보고 치유하는 과정 역시 아이에게 긍정적인 영향을 줄 수 있습니다.

Q 복합 외상 후 스트레스 장애란 무엇인가요?

A. 복합 PTSD는 아동기의 학대나 가정 폭력과 같은 장기간 외상에 노출된 사람에게 나타나는 일련의 심리적 증상들을 칭합니다. 감정 조절의 어려움, 자기 개념의 왜곡, 대인관계의 문제 등 광범위한 신경심리학적 증상이 나타나는 상태입니다.

Q 해리는 왜 발생하나요?

A. 해리는 감정, 기억, 정체성 등을 분리시켜 고통을 줄이는 심리적 방어 기제입니다. 외상 생존자는 종종 해리를 사용하여 감당하기 어려운 기억을 무의식으로 밀어내 불안을 조절하고 일상 생활을 이어가게 됩니다.

Q 외상은 아이의 자기 조절 능력에 어떤 영향을 주나요?

A. 아이는 감정 및 충동 조절이 어려워지고, ADHD 또는 우울·불안 장애와 유사한 증상을 보일 수 있습니다. 그리고 뇌의 기능이 위협 감지에 집중되면서 아이가 호기심과 상상력을 발휘하기 어렵게 됩니다.

Q 외상과 만성 스트레스가 성 조숙과도 관련이 있나요?

A. 네, 외상은 생존을 위해 생체 시계를 앞당기기도 합니다. 만성적 스트레스를 경험한 많은 아이들이 조기 사춘기를 경험하는데, 이는 결과적으로 최종 신장의 감소로 이어질 수 있습니다.

PART

8

가족

곁에 있는 사람들과 나누는
눈빛과 말 속에서, 오래된 경험은
다시 쓰이고 조용히 바뀌며,
새로운 의미로 피어난다.

살바도르 미누친
(Salvador Minuchin)

8장

가족

8.1. 가족이 써나가는 이야기

내가 소아정신과 수련을 시작하던 해인 2021년, 미국 매사추세츠 주 전역의 응급실에는 자해나 자살 시도로 병원을 찾는 아이들이 눈에 띄게 늘어났다. 병동은 이미 포화 상태였고, 입원이 시급한 아이들이 일주일 넘게 응급실에 머무는 일도 흔했다. 그해, 나는 정신 건강의 위기가 단지 어린 환자 개인의 문제가 아니라 그들의 가족 전체의 문제라는 사실을 절감했다.

위기 상황에서 가족은 가장 가까이에서 환자를 지지하기도, 때로는 환자의 회복을 가로막는 복잡한 **역동**에 기여하기도 했다. 많은 가족들이 어떻게 해야 아이를 도울 수 있을지, 무엇을 바꿔야 할지 알지 못한 채 혼란스러워했다. 그런 가족들과 함께 치료실에 앉아 이야기를 나누고, 때론 울고 웃으며 새로운 관계의 실마리를 찾아가는 과정은 나에게 큰 감동을 주었다. **가족 치료**를 통해 변화한 가족들은 새로운 **서사**를 따뜻한 문장들로 써나가기 시작했다.

가족 역동(Family Dynamic)

가족 구성원들 사이에서 반복적으로 나타나는 상호 작용 형태를 칭함. 역동은 가족이 문제를 어떻게 인식하고 해결하는지, 감정을 어떻게 표현하고 조절하는지, 서로를 어떻게 지지하거나 충돌하는지를 보여준다.

가족 치료(Family Therapy)

가족 구성원 간의 상호 작용과 관계를 중심으로 문제를 이해하고 해결하려는 심리치료 접근법.

서사(Narrative)

개인이나 가족이 자신들의 경험을 해석하고 의미를 부여할 때 사용하는 이야기 구조. 가족 치료에서는 가족 내 부정적 서사를 재구성하는 것이 중요하다.

    그 과정에서 나는 자연스럽게 나의 가족 이야기를 되짚어 보았다. 과거 부모님과 형, 그리고 나로 구성된 4인 가족 내에서 나의 자리와, 현재 나와 함께 사는 아내와 두 아들로 이루어진 또 다른 4인 가족 속의 나를 떠올렸다.

    이 장에서는 소아정신과 전문의이자 가족 치료사로서, 그리고 이민 가정의 가장이자 두 아이의 부모로서 내가 경험하고 깨달은 '가족'에 대한 이야기를 나누고자 한다. 독자들 역시,

가장 가까이 있지만 때로는 가장 멀게 느껴지기도 하는 가족과의 관계에 대해 생각해보는 시간이 되었으면 한다.

쉐리(Sherry)는 열네 살 소녀였다. 나는 가족 치료 의뢰서에서 그녀의 이름을 처음 봤다. 쉐리가 방에서 좀처럼 나오지 않자 부모는 그녀를 병원에 데려왔다. 그녀는 3년 전부터 편두통을 앓았고, 주기적으로 약을 복용해야만 했다. 한 두 달에 한 번씩 쉐리는 극심한 두통으로 응급실을 찾았지만, 뇌 MRI 검사에서는 아무런 이상이 발견되지 않았다. 쉐리는 통증을 겪으면서도 학업과 운동 모두에서 뛰어난 성과를 보였다. 그러나 집에서는 부모와 거의 대화하지 않았다. 부모는 쉐리의 마음을 알 수 없어 답답해했다. 그들이 대화를 시도할 때면, 쉐리는 조용히 눈물을 흘렸다. 쉐리는 학교에선 활달한 학생이었지만, 집에서는 침묵을 지키는 소녀였다.

쉐리는 네 가족 중 막내였고, 두 살 터울의 오빠 홀튼(Holton)과 가깝게 지냈다. 부모 릭(Rick)과 홀리(Holly)는 남미 출신의 이민 1세대였다. 쉐리는 부모에겐 말을 아꼈지만, 오빠에게는 마음을 열고 있었다. 홀튼은 학교 라크로스(Lacrosse) 팀의 간판스타였고, 스포츠 장학금을 목표로 대학 진학을 준비 중이었다. 부모도 그의 노력을 인정했다.

그러나, 홀튼 역시 종종 문제 행동을 보였다. 라크로스 연습 후 몇 시간씩 연락 없이 사라지기도 했고, 그런 날이면 집안은 고성으로 가득 찼다. 집에 돌아온 홀튼에게 부모는 욕설로 대응했고, 홀튼은 고함으로 맞섰다. 그는 "잔소리만 들리는 집에 누가 있고 싶겠느냐"고 말하며 자신의 행동을 정당화했다.

쉐리의 가족을 처음 만난 날, 나는 가족 구성원 각각이 인식하는 가족 내의 문제가 무엇인지 물었다. 쉐리는 침묵했고, 부모는 자녀들이 그들에게 부여된 역할을 하지 않고 있다고 했다. 홀튼은 대화가 늘 싸움으로 번지고, 집안일이 과도하게 자녀들에게 전가된다고 지적했다. 맡은 집안일을 끝내지 못하면 자녀들은 24시간 동안 외출이 금지되었다. 하지만, 홀튼은 이미 그 규칙을 무시하고 있었다. 갈등은 오랜 시간 쌓여온 것처럼 보였고, 가족은 다른 언어를 쓰는 이방인처럼 서로를 대했다. '모두의 편'이어야만 하는 가족 치료자로서, 가족 간의 첨예한 대립 속에서 균형을 유지하는 것은 나에겐 결코 쉬운 일이 아니었다.

쉐리의 부모는 미국에서 태어나고 자란 쉐리·홀튼 남매와는 다른 문화적 규범을 중시했다. 세대 간의 문화 충돌은 비단 이민자 가정만의 이야기가 아니며, 세계화와 급격한 경제 성장, 탈권위주의의 분위기 속에서 보편적인 현상으로 자리 잡고 있다. 그래서였을까. 나 역시 쉐리 가족의 문제가 낯설지 않았다.

쉐리 남매에게서 나의 어린 시절을 보는 듯 했고, 릭과 홀리에게서 나의 미래가 겹쳐 보이는 듯 했다. 어느 순간, 나도 모르게 한쪽 편을 들고 싶어질 때도 있었다. 그럴 때마다 나는 치료자로서 객관성을 유지하기 위해 스스로를 다잡았다.

쉐리의 가족은 부모와 자녀가 지속적으로 충돌하는 이야기 속에 갇혀 있었다. 부모의 엄격함을 단순히 잘못된 양육 방식으로 치부하거나, 자녀의 반항을 버릇없음으로 단정 지어서는 이들의 문제를 해결할 수 없을 것 같았다. 치료자로서 나의 역할은 쉐리 가족에게 새롭고 희망적인 이야기를 제안하는 것이었다. 물론 그 이야기를 받아들일지 결정하는 것은 가족의 몫이었다.

새로운 가족 이야기를 위한 소재들은 종종 더 많은 가족 구성원을 진료실로 초대하거나, 가족과 함께 **가계도**를 그리는 과정에서 떠오른다. 나 역시, 치료 초기에 쉐리 가족과 두 시간에 걸쳐 가계도를 그렸다. 그 과정에서 전에는 알지 못했던 릭과 홀리의 과거가 자녀들 앞에 펼쳐졌다.

가계도

가족 구성원의 생애, 구성원 간 관계, 가족 내 중대한 사건 등을 시각적으로 표현한 도표. 가족 치료의 방향을 결정짓는 중요한 단서를 제공하곤 한다.

홀리는 청소년기에 아버지를 폐렴으로 떠나보냈다. 그의 죽음 이후, 홀리는 어머니로부터 그가 자신의 친아버지가 아니었다는 사실을 듣게 되었다. 홀리는 진실을 숨겨온 어머니에게 깊은 배신감을 느꼈다. 친부의 행방은 어머니 역시 몰랐다. 홀리는 자신이 친아버지로부터 버려진 존재라는 생각에 깊은 분노와 공허감을 느꼈다.

그러나 생계를 책임지던 홀리의 어머니는 늘 바빴고, 그녀의 감정을 공감하고 충분히 품어줄 여유가 없었다. 그녀의 어머니는 "여자는 항상 남편을 잘 살펴야해" 라는 말을 주문처럼 반복했다. 홀리는 자신의 아버지가 가정을 떠난 것을 어머니가 스스로의 책임으로 돌리고 있다는 사실에 놀랐다. 그리고 어머니의 말은 당신과 같은 실수를 반복하지 말라는 경고처럼 들렸다. 결국 홀리는 가난에서 벗어나기 위해 스무 살에 홀로 미국으로 향했고, 몇 년 후 릭을 만나 결혼했다.

릭은 열 살 무렵, 아버지와 헤어져야 했다. 그의 아버지는 가족의 미래를 위해 미국으로 떠났다. 아버지는 늘 전화기 너머로 "꼭 성실하게 살아야 해" 라는 말만 반복했다. 스무 살이 되어 릭이 미국에 도착했을 때, 아버지가 건넨 첫마디는 "빨리 대학에 가라"는 조언이었다. 릭은 그것이 아버지의 사랑 표현이라고 믿었다. 그렇게 믿어야만 수년간 자신의 삶에서 부재했던 아버지에 대한 분노를 억누를 수 있을 것 같았다.

릭은 자신의 어머니가 가정폭력을 피하기 위해 열다섯에 아버지와 황급히 결혼했다는 사실도 알게 되었다. 미성년자였던 어머니와 결혼한 아버지를 향한 릭의 분노는 컸다. 하지만, 릭은 그 분노를 혼자 마음 속으로 삭혔다.

그날, 쉐리와 홀튼은 처음으로 부모의 과거 가족 이야기를 들었다. 쉐리는 조용히 눈물을 흘렸고, 홀튼은 부모의 어깨를 토닥였다.

릭과 홀리는 자신의 감정을 언어나 신체 접촉을 통해 가족에게 표현하는 방법을 배우지 못한 채 자랐다. 그들에게 '힘들다'는 말은 연약함의 증거였다. 부모의 기대에 부응하지 못했을 때는 위로보다 체벌을 마주했다. 그들은 자신의 감정을 억누르고 묵묵히 일하는 것만이 최고의 덕목이라는 가족의 서사를 물려받았다. 그런 그들에게 "왜 그 낡은 틀에서 벗어나지 못하느냐"고 캐묻는 것은 과연 정당할까?

―

우리는 모두 가족이라는 울타리 안에서 세상을 배운다. 우리는 가족 안에서 해야 할 일과 해서는 안 될 일을 배우고, 어떻게 자신의 감정을 표현하며, 어떤 말들이 관계를 단절시킬 수 있는지를 배운다. 다양한 감정들 역시 가족 안에서 경험되고 체화된다.

그러나, 가족이라는 생물학적 유기체는 쉽게 변하지 않는다. 사람은 익숙한 것에 대한 관성을 지니기에, 외부의 위기가 닥치지 않는 한 가족 내의 문화와 관계의 역동은 좀처럼 바뀌지 않는다. 이런 점에서, 오히려 가족에 닥친 위기는 그들이 새로운 서사를 받아들일 수 있는 기회가 된다.

쉐리가 집에서 보인 기나긴 침묵은 가족에게 닥친 위기를 알리는 신호였다. 이에 반응하여 그들은 매주 가족 치료에 참여했고, 그렇게 새로운 이야기를 함께 쓰기 위해 노력했다. 나는 그들이 서로를 더 이해하고, 아끼고, 사랑하는 장면들을 새 이야기 속에 남기길 바랐다. 그리고 그 이야기를 통해, 네 사람 모두가 삶이 정말 '살 만한 것'임을 느낄 수 있기를 진심으로 바랐다.

아래 질문들은 가계도를 작성할 때 가족 구성원 각자가 답해볼 수 있는 것들이다. 이 질문에 대한 답은 가족 치료사에게 유용한 정보를 제공할 뿐 아니라, 다른 가족 구성원이 함께 들을 때 깊은 울림을 만들어낸다. 가족 구성원 각자가 어떤 가족 안에서 태어났고, 어떤 분위기와 관계 속에서 자랐는지를 알게 되면, 서로를 더 깊이 이해하고 공감할 수 있게 된다.

가계도 작성에 필요한 가족 구성원을 위한 질문 예시

1. 부모님과의 관계는 어땠나요?
2. 조부모님과의 관계는 어땠나요?
3. 가족 밖에서 친구나 지역 공동체와 어떤 관계를 맺고 지냈나요?

4. 가족 안에서 남성, 여성, 아이들에게 각각 어떤 행동이나 역할이 기대되었나요?
5. 가족이 당신에게 기대하거나 요구한 것은 무엇이었나요?
6. 가족이 금기시한 대화의 주제나 행동이 있었나요? 그것을 어겼을 때는 어떤 일이 일어났나요?
7. 가족 구성원 중 서로 갈등을 겪었던 사람은 누구였나요?
8. 가족 내 갈등은 주로 어떤 모습으로 나타났나요?
9. 의견 차이가 있을 때 가족은 어떻게 타협했나요?
10. 가족 구성원 중에 특별히 서로 편을 들거나 힘을 합친 사람은 누구였나요?
11. 어머니와 아버지 중, 누구와 더 가까운 관계라고 느꼈나요? 그 이유는 무엇이었나요?
12. 어머니와 아버지 중, 누구에게 더 거리감을 느꼈나요? 그 이유는 무엇이었나요?
13. 가족 내에서 벌어진 일로 심리적으로 충격을 받았던 경험이 있었나요? 가족은 그 사건을 어떻게 대처했나요?
14. 가족 중 술이나 약물 남용, 또는 식이 장애를 겪은 사람이 있었나요?
15. 부모님과는 주로 어떤 방식으로 대화했나요?
16. 부모님이 당신을 사랑한다고 느낀 순간은 언제였나요?
17. 당신이 슬퍼할 때 가족들은 주로 어떤 반응을 보였나요?
18. 부모님은 자녀의 문제 행동을 어떻게 다루셨나요?
19. 가족이 하나의 생명체였다면, 어떤 존재로 묘사할 수 있을까요?

이 질문들을 배우자나 연인과 함께 나눠보는 것도 좋다. 서로의 지나온 시간을 들여다볼 때, 서로를 더 깊이 이해할 수 있고, 관계는 더 단단해질 수 있다. 또한 자녀에게 이 질문들을 바탕으로 가족 이야기를 들려주는 것도 의미 있다. 아이들은 부모의 가족 이야기를 통해, 부모를 한 사람의 인간으로 더 가까이 느끼게 된다.

나는 아이들과 그림책을 함께 보다가 가족과 관련된 장면이 나오면, 자연스럽게 내 어린 시절 이야기를 꺼내곤 한다. 예를 들어, 형제가 장난감을 가지고 놀다가 다투는 장면을 보면, 나 역시 형과 함께 놀며 울고 웃던 기억을 들려준다. 이런 부모의 이야기는 자녀들이 가족 안에서 어떤 행동이나 감정의 표현이 허용되는지를 그려볼 수 있게 한다. 가족의 이야기를 나누는 일은 단순한 회상에 그치지 않고, 서로를 깊이 이해하고 더욱 끈끈하게 연결하는 촉매가 된다.

8.2. 가족은 어떻게 탄생하고 변화하는가

―

"치료가 필요한 건 쉐리이지, 우리가 아니에요." 만약 내가 가족 치료가 아닌, 개인 치료 상황에서 쉐리를 만났다면, 쉐리의 부모는 내게 위와 같이 말했을 것이다.

가족 내 갈등이 자녀 한 명에게 집중되는 경우는 흔하다. 특히 막내가 그 짐을 짊어지는 일이 많다. 쉐리처럼 방에 틀어박혀 말수가 줄어든 아이들은 종종 불안이나 우울 장애 진단을 받고, 항우울제를 처방받는 경우가 많다.

그러나, 쉐리의 침묵은 단순한 '증상'이 아니라, 부모와의 관계에서 비롯된 고통의 표현이었다. 약을 사용하면 체감하는 고통의 정도를 줄여줄 수는 있지만, 그것이 관계에 있어 근본적인 개선책은 아니다. 오히려, 약을 먹는 주체가 쉐리이기 때문에, 그러한 상황이 오직 그녀만의 문제라는 잘못된 믿음을 가족이 갖게될 위험도 있다. 가족이라는 '무대의 배경'이 가려진 상태에서는 쉐리의 고통을 온전히 이해할 수 없다.

이번 절에서는 위기를 마주한 가족들이 자신들의 서사를 바꿀 수 있도록 돕는 가족 치료 전략들을 살펴보고자 한다. 나아가 이를 토대로 일상에서 더 원만한 가족 관계를 만들 수 있는 몇 가지 방법을 제시하고자 한다. 우선, 가족 치료 이론에서

'가족의 탄생'을 어떻게 바라보는지 간단히 소개하겠다.

가족은 결혼을 통해 탄생한다. 서로 다른 문화와 가치관을 지닌 두 사람이 하나의 가정을 이루는 일은 결코 쉽지 않다. 결혼 후에는 아주 사소한 일조차도 상호간의 조율이 필요하다. 방과 화장실 중 어디에 드라이기를 놓을지 결정하는 일도 배우자와 의논해야 하는 소재가 된다. 뿐만 아니라, 결혼은 각자가 쌓아온 대인 관계의 지형도 바꾼다. 배우자에게 쏟는 시간과 에너지가 많아지면, 가족 외의 관계들은 자연스럽게 소원해질 수밖에 없다. 이러한 변화는 종종 심한 스트레스를 동반하며, 어느 한 쪽이 양보하지 않을 경우엔 갈등이 더 깊어질 수도 있다.

아이가 태어나면 부부는 자녀의 보육이라는 거대한 과업을 함께 책임지게 된다. 이 과정에서 형성된 부부 간의 끈끈한 동맹은 자녀와의 건강한 간극을 만들어내며, 이 간극은 **민주적 가족 구조**를 유지하는 힘으로 작용한다.

> **민주적 가족 구조**
> 권위와 책임의 불균형을 인정하면서도 상호 존중과 협상을 중시하는 가족 형태.

그러나 한 배우자가 육아에서 소외되면, 남은 배우자와 자녀 사이에 새로운 동맹이 생길 수 있다. 배우자 중 한 명이 일로 너무 바쁘거나, 정신 건강 등의 문제로 육아에 참여할 수 없게 되면, 전에 경험하지 못한 갈등 구도가 만들어질 수 있다는 의미이다. 다른 계층에 있는 구성원들(부모와 자녀) 간의 동맹이 같은 계층 사이(엄마와 아빠)의 동맹보다 끈끈해지면, 가족 내 부모의 권위는 무너지기 시작한다. 이러한 역동은 암묵적으로 자녀에게 부모와 동등한 권위를 부여하기 때문이다.

현대 사회에서 좋은 부모가 된다는 것은 과거보다 더 어려운 일이 되었다. 과거의 가부장적 권위가 점차 힘을 잃어가며, 오늘날의 부모는 더 유연하고 이성(理性)적인 권위를 요구받는다. 요즘 부모에게는 자녀의 발달 단계에 상응하는 이해심과, 자녀에게 가정 내 규칙에 대한 논리적 근거를 설명할 수 있는 소통 능력이 필수적이다.

자녀가 청소년기에 접어들면, 부모의 역할은 다시 한 번 전환점을 맞는다. 자녀가 또래 친구들과의 관계에 집중하게 되면, 자녀가 부모와 보내는 시간은 자연스럽게 줄어든다. 청소년 자녀들은 부모와 구별되는 존재로서 자신을 발전시켜 나간다. 이 때문에 자녀들이 육체적·정신적 독립을 향해 나아가면서 부모의 의견을 거스르거나 반대 입장을 드러내는 경우가 자연스럽게 많아진다. 이 과정에서 부모가 중요하게 여기는 가치들은 자녀의 내면에 **초자아**의 형태로 남아, 부모의 물리적 부재에도 자녀의 삶에 오랫동안 영향을 끼친다.

> **초자아(Superego)**
>
> 부모의 가치관이 내면화되어 자녀의 도덕적 기준이 되는 심리구조. 프로이트가 인간의 마음을 이해하기 위해 제시했던 구조론(structural model)에 등장하는 개념.

청소년 자녀와 건강한 관계를 맺기 위한 방법으로, 많은 육아 관련 서적들은 부모에게 '이상적인 상사'의 모습을 떠올려 보라고 조언한다. 집을 하나의 조직이라 생각하고, 그 안에서 존경받는 리더처럼 행동하라는 것이다. 하지만 학대나 방임 속에서 자란 부모는 그런 모범 사례를 경험하지 못한 경우가 많으므로 좋은 부모가 되는 여정은 더욱 고될 수 있다. 가정 안팎에서 이런 리더를 한 번이라도 경험해 본 부모라면, 그 기억을 더듬어 자녀와의 관계에 적용해볼 수 있겠다.

가족 구성원들이 오로지 편안한 친구들의 모임처럼 지낸다면, 그 가족은 건강한 역동을 유지하기 어렵다. 부모와 자녀는 서로 다른 수준의 권위와 책임을 지니며, 가족 구성원 모두가 이러한 불균형을 인정하는 것이 중요하다. 이러한 차이를 깨닫는 과정을 통해, 자녀들은 사회성을 기를 수 있다. 권위의 불균형 속에서, 자녀들은 어떻게 자신의 의견을 표현하고 협상할 수 있는지를 자연스럽게 배울 수 있기 때문이다. 결국, 가족은 개인에게 가장 작은 단위의 사회이자 가장 깊은 배움의 터전이다.

> **이상적인 상사가 갖춰야 할 덕목들**
>
> **1) 명확한 의사소통** : 건설적으로 기대하는 바를 분명히 전달한다.
> **2) 공감** : 상대의 감정을 경청하고 존중한다.
> **3) 리더십** : 동기를 부여하고, 긍정적인 분위기를 만든다.
> **4) 공정** : 편견 없이 판단하고, 기여에 맞게 보상을 준다.
> **5) 능력** : 합리적인 결정을 내릴 수 있는 지식과 기술을 갖춘다.
> **6) 신뢰** : 정직하고, 비밀을 지킨다.
> **7) 적응력** : 변화에 유연하게 대응한다.
> **8) 자율성 부여** : 구성원이 성장할 수 있도록 도전 기회를 제공한다.

다시, 쉐리의 가족 이야기로 돌아가 보자. 그녀의 가족에게서 확인할 수 있는 역동은, 부모의 권위가 지나치게 강하다는 점이었다. 부모와 특정 자녀 사이의 동맹은 보이지 않았지만, 청소년 자녀인 쉐리와 홀튼은 연합하여 서로를 지지하며 부모의 권위에 맞서고 있었다. 흥미롭게도, 자녀 간의 이런 동맹은 종종 가정 내에서 긍정적인 기능을 한다.

부모인 홀리와 릭은 자신들이 자라면서 겪은 권위적인 양육 방식을 자녀들에게 그대로 적용하고 있었다. 그러나 쉐리와 홀튼은 또래 친구들에게서 찾아보기 힘든 자신들의 가족 문화를 쉽게 받아들이지 못하고, 부모의 일방적인 태도에 점점 저항하게 되었다. 홀튼은 언성을 높이며 갈등을 드러냈고, 쉐리는 대화를 피하는 방식으로 반응했다.

　　쉐리 가족에게서 나는 일찍이 희망을 보았다. 가족 구성원 모두가 치료의 첫 시간에 능동적으로 참여했기 때문이다. 그것은 그들 모두가 가족의 이야기에 변화를 주고 싶다는 암묵적인 선언이었다. 대부분의 가족은 익숙함을 추구하려고 하기 때문에 급격한 변화를 꺼린다.

　　많은 가족들이 빠른 속도로 변화하는 사회 분위기 속에서도 자신들의 핵심 가치와 철학은 지키고 싶어 하며, 가족 치료 역시 그것을 존중한다. 따라서, 치료는 언제나 가족의 호흡에 맞게 진행되어야 한다. 가족 치료는 가족들에게 새로운 이야기를 꽃피울 수 있는 씨앗을 심어 주지만, 그 씨앗을 받아 심고 가꾸는 것은 가족 구성원들의 몫이다. 그리고 가족 치료의 목적은 과거를 분석하는 데 있는 것이 아니라, 오히려 가족 구성원들이 '지금부터' 서로를 경험하는 방식을 바꾸는 데 있다.

이제부터는 쉐리 가족과의 치료에서 내가 어떤 접근을 통해 새로운 서사를 그들에게 소개했는지 나누고자 한다. 그리고 각각의 방법이 진료실이 아닌 일상 속에서 어떻게 적용될 수 있는지 함께 살펴보고자 한다.

1. 순환 질문

처음 순환 질문에 대해 배웠을 때, 나는 오랫동안 몸에 익은 언어 습관을 내려놓아야 했다. 개인 치료에서는 치료자와 환자 사이의 1:1 대화가 중심이 된다. 상대방에게 질문을 던지고, 답을 듣는 이 익숙한 방식을 '선형적 질문'이라 부른다.

예컨데, 내가 쉐리에게 "왜 방에만 있으려 하니?"라고 묻는다면, 이 질문은 나와 쉐리 사이의 대화에 머문다. 그러나 이러한 대화 방식은 가족 치료의 목적을 달성하는데 효과적이지 않다. 가족 구성원들 사이의 소통을 촉진하거나 변화시키기 위해서는 다른 접근법이 필요하다.

"쉐리야, 네가 방에 있을 때 홀튼이나 부모님은 어떤 반응을 보여?" 혹은 "네가 방에서 시간을 보내는 이유를 솔직히 말한다면, 가족 중 누가 가장 놀랄 것 같아?" 와 같은 질문들은 **순환 질문**의 좋은 예다. 순환 질문은 개인의 내면보다는 관찰 가능한 행동에 초점을 맞춘다. 이 질문은 단지 쉐리만을 향하지 않고 그녀의 대답을 듣는 가족 모두를 향하게 된다. 쉐리는 이 질문에 답을 하면서 가족들의 반응을 살피게 되고, 나머지 가족들도 쉐리의 답변에 집중하게 된다.

치료자는 순환 질문에 대한 반응으로 나타나는 가족 내 미세한 상호 작용을 포착해 그들 사이의 역동에 대한 가설을 다듬어간다. 또한 치료 과정에서 순환 질문을 사용하면, 단순한 1:1 대화를 넘어, 가족 전체가 참여하는 역동적인 대화를 이끌어낼 수 있다.

> **순환 질문(Circular Questioning)**
>
> 가족 구성원 간 상호 작용을 탐색하기 위해 사용하는 질문 방식. 치료자는 답변하는 상대에 국한하지 않고, 다른 가족 구성원을 질문의 내용에 포함시키게 된다.

나는 개인적으로 "가장 ~한 거 같은 사람이 누구야?"라는 형태의 순환 질문을 좋아한다. 이 질문은 외우기 쉽고, 게임처럼 흥미를 유발하면서도 즐거우며, 깊이 있는 상호 작용을 이끌어 낸다. 뿐만 아니라, 여러 가족 구성원들의 답변을 통해 가족 내에 존재하는 다양한 시선과 감정을 호기심 어린 눈으로 바라볼 수 있게 된다. 독자들도 가정에서 자녀들에게 이런 질문을 던지며 평소에 알지 못했던 자녀들의 생각을 들여다보는 시간을 가질 수 있으면 좋겠다.

2. 외재화

가족 전체가 겪는 문제를 특정 구성원과 분리해내는 **외재화** 작업은 가족 치료에서 매우 중요하다. 쉐리가 보인 '방에 틀어박혀 나오지 않는' 행동은 그녀의 가족 전체가 갖는 문제에 대한 반응인 동시에, 쉐리가 가족 전체의 문제를 홀로 떠안고 있는 구도를 보여준다. 이런 상황에서, 치료자는 외재화를 통해 쉐리에게 쏠린 과도한 책임감을 누그러뜨릴 수 있다.

> **외재화(Externalization)**
> 특정 문제를 개인이 아닌 외부의 '대상'으로 분리하여 다루는 치료 방법.

그래서 우리는 쉐리의 가족 전체를 고통에 빠뜨리고 있는 이 상황을 '침묵 유령'이라 부르기로 했다. "그 유령이 올 거라는 걸, 누가 제일 먼저 예측할 수 있지요?" 문제 상황을 이런 식으로 호명하게 되면, 그 문제는 더 이상 쉐리만의 것이 아니라 가족 모두가 힘을 합쳐 극복해야 하는 것으로 바뀌게 된다. 육아에 있어서도 외재화의 방법은 유용하게 사용된다. 예를 들어, 자녀가 제시간에 일어나지 못해 유치원이나 학교에 반복적으로 늦는다면, 자녀와 함께 '늦잠 마귀'를 어떻게 몰아낼 수 있을지 고민해 볼 수 있다.

"어떻게 하면 이 늦잠 마귀를 쫓아낼 수 있을까?" 이런 질문 방식은 자녀와 부모를 한 팀으로 연대시켜서 함께 문제를 해결할 수 있도록 한다. 또한, 문제 행동을 보인 아이가 스스로를 비난의 대상이 아니라, 문제 해결에 기여하는 능동적인 해결사로 인식할 수 있게 된다.

3. 재구성

가족이 겪는 문제 상황을 새로운 시각으로 바라볼 수 있게 되면, 문제 해결의 새로운 가능성이 열린다. 이 과정을 가족의 문제를 **재구성**한다고 칭한다.

> **재구성(Reframing)**
> 문제 상황을 새로운 시각으로 해석하여 긍정적인 변화를 유도하는 가족 치료 방법.

"부모님이 엄격하게 집안일을 시키는 것은 자녀를 쉬지 못하게 하려는 걸까요, 아니면 자신이 자란 방식을 그대로 따르는 걸까요?" "쉐리가 말을 아끼는 것은 부모님이 싫어서일까요, 아니면 부모님에게 상처 주고 싶지 않아서일까요?"

이처럼 치료사가 같은 상황에서 적용될 수 있는 새로운 관점을 가족에게 소개하면 문제 상황에 대한 변화의 가능성이 생긴다. 이 때 기억할 점은 가족이 직접 채택한 관점만이 진정한 변화를 이끌어낼 수 있다는 것이다. 치료자의 일방적인 강요나 제언은 결코 행동의 변화를 이끌어낼 수 없다.

아래는 재구성 기법에 자주 사용되는 표현들을 정리한 표이다. 이는 가족 치료에서 뿐만 아니라 가족 간의 일상적인 소통에서도 매우 유용하다. 자녀와 배우자를 보며 아래 표 왼쪽의 단어들이 떠오른다면, 잠시 마음을 가다듬고 표의 오른쪽

단어들로 시선을 돌려보자.

부정적	긍정적
화난	감정에 솔직한
권위적인	리더십 있는
집착하는	애정 어린
교만한	자신감 있는
의존적인	타인과 연결된
냉담한	독립적인
엉뚱한	창의적인
거짓말 하는	이야기를 잘 풀어내는
시끄러운	표현력이 풍부한
평범한	자연스러운
조용한	사려깊은
교활한	기발한
고집센	끈기있는
놀리는	즐거움을 추구하는

<재구성 기법에 사용되는 언어 예시>

4. 전략적 접근

창의적인 치료사였던 밀튼 에릭슨(Milton H. Erickson)은 전략적 접근을 통해 가족이 겪는 문제를 변화의 동력으로 전환시킬 수 있었다. 가족의 의사소통 구조를 바꾸는 것은 매우 어려운 일이기 때문에, 오히려 치료사가 그 어려움을 전면에 내세우면 가족들은 거기에 저항하고자 하는 동력을 만들어내게 된다.

"가족이 변하는 건 정말 어려운 일이에요." "릭, 일이 바빠 아이들과 시간을 보내기 참 쉽지 않죠." "변할 수 있다고 믿는 것조차 어려울 수 있어요. 그리고 치료사로서 내가 하는 말을 믿기 어려운 것도 당연해요." "제가 지금부터 하는 말이 좋게 들리지만은 않을 거에요."

이처럼 변화를 실행에 옮기는 일이 얼마나 어려운지를 치료사가 면전에서 인정하면, 오히려 대부분의 가족은 그것을 극복하고자 한다. 치료사가 자신의 조언을 믿기 어려울 수 있다고 말하는 순간, 오히려 '어디 한번 믿어볼까?' 하는 청개구리 같은 마음이 생긴다는 뜻이다. 이러한 전략적 접근은 문제 자체를 '극복하고 싶은 목표'로 바꾸는 힘을 가진다. 나 역시도 아이들과 의사소통 과정에서 전략적 접근 방법을 자주 사용한다. "식탁에서 자리를 지키고 끝까지 밥을 먹는 게 정말 힘들지?" "아빠 말을 그대로 듣고 따르는 건 정말 어려운 일이야."

아이들은 언제나 부모에게 인정받고 싶어 하며, 부모가 그 욕구를 잘 자극할 수만 있다면 아이들의 문제 행동을 비교적 쉽게 교정할 수 있다.

8.3. 가족이 함께 상상할 수 있다는 것

내가 존경하는 고 김인수(Insoo Kim Berg) 선생님은 한국계 가족 치료사다. 나는 2006년 싱가포르에서 진행된 강의 영상을 통해 김 선생님의 생전 모습을 처음 접했는데, 해당 강의에서 그는 가족에게 '**기적의 질문**'을 어떻게 던질 것인지에 대해 설명했다.

> **기적의 질문(Miracle Question)**
>
> 해결 중심 가족 치료에서 사용하는 핵심 질문 방법. 가족 구성원들에게 문제가 해결된 가족의 모습을 구체적으로 상상하도록 하여 변화의 실마리를 찾는다.

"오늘 밤 당신이 잠든 사이, 가족에게 기적이 일어났다고 상상해 봐요. 지금 겪고 있는 문제가 하나씩 다 사라지는 거예요…"

문제를 겪고 있는 가족 구성원들에게 위와 같은 질문을 던질 때는 호흡을 길게 가져가야만 한다. 그들은 현재 겪고 있는 가족 내의 문제가 사라진다고 상상하는 것조차 버거운 상태이기 때문이다. 치료를 위해 온 가족이 진료실을 찾았다는 것은 그들이 기울였던 여러 노력들이 이미 실패로 끝났다는 것을 의미한다. 그들에게는 충분한 시간이 허락되어야만 가족이 직면한 문제를 마주하고 그 문제가 해결된 이후의 삶을 상상해 볼 수 있다. 기적의 질문을 던지는 것은 녹슬어 멈춰버린 톱니바퀴에 조심스럽게 기름칠을 하는 노력과도 같다.

"아침에 눈을 떠 침대에서 일어나 방문을 열고 나온 그 순간, 당신은 기적이 일어났다는 걸 알게 됩니다. 당신은 무엇을 보고 기적이 일어났는지 알 수 있을까요?

위의 질문은 "가족이 어떻게 바뀌길 바라시나요?" 란 질문과 어떻게 다를까? 두 질문이 담고 있는 내용은 서로 비슷하지만, 그걸 들은 가족 구성원들이 느끼는 바는 크게 다를 수 있다. '기적'이라는 단어는 가족의 상상력에 날개를 달아주어 상상 속의 구체적 이미지가 떠오를 수 있도록 돕는다. "의사소통이 잘 되면 좋겠어요" 와 같은 추상적인 답변은 가족의 문제를 해결하는데 큰 도움이 되지 않는다. 가족 구성원 각자가 생각하는 '의사소통이 잘 되는 상태'는 제각각이기 때문이다.

반면, 기적의 질문은 '무엇을 보았는지'에 초점을 맞춘다. 즉, 가족 구성원들이 각자의 바람을 구체적인 행동으로 표현하도록 한다. 이를 통해 가족 전체가 문제 해결 후의 상황을 공통된 이미지로 상상할 수 있게 된다. 그래서 **해결 중심 가족 치료**에서는 다음과 같이 말한다. "가족이 문제 해결 이후의 모습을 함께 상상할 수 있다면, 그들은 문제를 해결할 수 있다"고.

> **해결 중심 가족 치료**
>
> 가족이 겪는 문제의 근원을 분석하기보다, 그 문제를 어떻게 해결할 수 있을지를 중심으로 접근하는 간결하고 실용적인 치료 방식.

퀸시(Quincy) 가족은 이혼 가정이었다. 퀸시의 부모는 5년 전 이혼했고, 각자의 애인과 함께 살고 있었다. 퀸시는 한 살 터울 언니와 함께 평일엔 어머니 집, 주말엔 아버지 집에서 지냈다. 그러던 어느 날, 어머니의 갑작스러운 재혼 소식을 듣게 되었고, 이에 퀸시는 격분했다. 방문을 걷어차고, 접시를 집어 던졌다. 퀸시는 새아버지와 그의 자녀들과 함께 사는 것이 싫었다. 어머니가 새아버지 될 사람과 동거중이었기 때문에 그녀가 곧 재혼하리라고 예상했지만, 정작 그 순간이 오자 퀸시는 감정을 주체할 수 없었다. 분노와 배신감을 느낀 퀸시는 어머니가 차려주는 식사를 거부했고, 학교 수업에도 들어가지 않았다. 학교 상담사는 퀸시에게 가족 치료를 권했고, 나는 그렇게 퀸시 가족을 만나게 되었다.

 나는 퀸시의 가족에게 기적의 질문을 던졌다. 내 질문에 대해 퀸시의 어머니는 "기적이 일어난다면, 딸들이 힘들 때 지체 없이 내게 와 어려움을 이야기할 것"이라고 말했고, 아버지는 "주말에 딸들이 핸드폰을 내려놓고 나와 함께 시간을 보내려 할 것"이라고 답했다. 퀸시의 언니는 "부모가 서로에게 욕을 사용하지 않고 서로를 존중하는 언어를 쓸 것"이라고 말했다. 끝으로 퀸시는 "기적이 일어난다면, 가족에게 큰 변화가 있을 땐 부모가 내게 미리 알려주고 내 생각을 물을 것"이라고 답했다. 기적의 질문은 퀸시 가족이 겪는 문제의 본질이 무엇인지를 알게 해주었다.

문제가 해결된 미래를 가정하는 것을 상상 놀이로 치부하는 사람이 있을지도 모르겠다. 하지만 놀랍게도 가족 구성원들 각자가 품고 있던 가족에 대한 소망을 서로 말하고 듣는 경험은 그 자체로 치료적 효과가 있다. 또한 그것은 일상에서 자녀가 '어떤 부모의 모습'을 보고 싶은지 확인할 수 있는 효과도 있다.

같은 맥락에서, 가족이 서로에 대해 현재 어떻게 느끼는지를 말하기보다는, 서로에게 '앞으로 바라는 행동'에 대해 이야기하는 것이 변화를 이끌어내는데 더 효과적일 수 있다.

가정에서 부모와 자녀 사이에 문제 상황이 발생했을 때, "다음에 또 비슷한 상황이 생기면, 엄마(아빠)가 어떻게 했으면 좋겠니?" 라고 물어 보자. 이를 통해 부모는 아이들의 구체적인 바람을 확인할 수 있고, 아이들 역시 부모의 변화하려는 의지를 느끼며 가족 내에서 소속감과 주체성을 갖게 될 것이다.

세계적인 육아 멘토인 아델 페이버(Adele Faber) 역시,

비슷한 방법을 제안한다. 그녀가 제시한 방법은 부모와 자녀 사이에 갈등이 발생했을 때, 각자가 생각하는 문제 해결 방법들을 모두 종이에 적고, 상대방이 적은 가장 극단적인 방법부터 하나씩 지워가는 것이다.

부모와 자녀가 밤 10시인 통금시간을 놓고 갈등을 겪는 상황을 상상해보자. 자녀는 이 문제를 해결하는 방법으로 '통금 시간을 새벽 1시로 바꾼다'고 쓸 수 있고, 부모는 가장 극단적으로 '외출을 아예 금지시킨다' 고 적을 수도 있다. 부모와 자녀는 양쪽의 아이디어가 모두 고갈될 때까지 가능한 많은 해결 방법을 적고, 상대방이 적은 내용 중 절대 받아들일 수 없는 것을 하나씩 지워가며 중재안을 찾아간다. 지워지지 않고 남아 있는 안에서 합의가 이루어지면 좋겠지만, 그렇게 되지 않아도 괜찮다. 부모와 자녀가 서로 가진 상이한 생각을 구체적으로 확인했다는 그 자체로 의미가 있기 때문이다.

그러나, 저마다 바쁜 일상을 살아가는 가족 구성원들이 서로의 생각을 충분히 들어보는 시간을 갖는 것은 현실적으로 어려운 일이다. 그래서 갈등 상황에서는 종종 가장 큰 영향력을 행사하는 가족 구성원의 의견이 일방적인 해결책으로 채택되곤 한다. 그러나, 그로 인해 어떤 가족 구성원은 '내 의견은 중요하지 않다'는 자기 표상을 갖게 되며, 이런 상황이 반복되면 그 구성원은 가족 밖에서도 자신의 목소리를 내지 못하게 될 수 있다.

내가 기적의 질문을 좋아하는 이유는 그것이 가족 구성

원의 문제를 그들 스스로 해결할 수 있는 단초를 제공하기 때문이다. 가족이 어떤 방향으로 변화할 수 있을지에 대한 단서는 구성원들의 소망에서 발견된다. 가족의 문제를 해결할 수 있는 유일한 주체는 가족 구성원 자신이다.

윈터(Winter)는 병동 침대에 조용히 앉아 있었다. 기운이 하나도 없어 보이는 그녀의 팔에는 수액 줄이 연결되어 있었고, 침대 옆에서 보호사가 곁을 지키고 있었다.

      윈터는 성실하고 똑똑한 16세 학생이었다. 학교 성적은 늘 최상위권이었고, 수영과 클라리넷 실력도 뛰어났다. 방과 후엔 오케스트라 연습과 수영팀 훈련으로 하루가 꽉 찼다. 집에 돌아와 숙제까지 마치면 자정을 넘기기 일쑤였다. 주말엔 늦잠이라도 자고 싶었지만, 부모님은 윈터에게 그런 느슨함을 허락하지 않았다. 윈터의 부모는 그녀가 명문 사립대에 진학하길 바랐고, 그 바람을 숨기지 않았다. 이미 윈터의 오빠는 유명 대학에 진학해 부모님의 자랑이 되었고, 윈터 역시 부모를 실망시킬 수 없다는 생각에 스스로를 다그쳤다.

      윈터가 수영 대표팀 선발에서 탈락한 날, 그녀의 삶은 무너졌다. 그녀는 걷잡을 수 없는 패배감에 휩싸였다. 그 일은 늘 승승장구하던 윈터에게 닥친 가장 큰 시련이었다. 부모에게 이 사실을 알리는 상상만으로도 숨이 막혔다. 윈터는 실망에 가득 찬 부모의 얼굴을 떠올리며, 세상에서 사라지고 싶다는 충동을 느꼈다. 자신의 모습을 있는 그대로 사랑해 줄 사람이 아무도 없다고 느낀 순간, 윈터는 약통을 뒤져 수십 알의 약들을 한 움큼 집어 삼켰다. 눈을 떴을 때, 그녀는 응급실 침대 위에 누워 있었다.

윈터에게는 입원 치료가 필요했다. 윈터가 겪는 우울 증상에 대해 평가하고, 이후 적절한 항우울제의 투여와 정신 치료도 고려해야 했다. 그러나 윈터가 겪는 문제를 해결하기 위해 가장 필요한 것은 가족의 참여였다. 가족의 지지와 보호가 없다면, 그녀는 또 다시 스스로를 해칠 것만 같았다.

"자살을 시도하기 전, 윈터가 아무도 자신을 필요로 하지 않는다고 느꼈을까요?" 내 물음에 윈터의 어머니는 고개를 끄덕이며 눈물을 흘렸다. 나는 이어서 눈물을 참던 윈터에게 물었다. "눈을 뜨고 살아있음을 알았을 때, 가족 중 누가 가장 안도했을 것 같아?" 윈터가 대답을 망설이자, 아버지가 먼저 입을 열었다. "윈터야, 우리는 네가 살아 있어서 너무 감사해. 네가 의식이 없던 그 몇 시간 동안, 네가 없는 세상을 상상했다. 그건 말도 안 되는, 끔찍한 세상이었어. 살아 돌아와줘서 정말 고맙다." 아버지의 말에 어머니는 눈물을 흘리며 조용히 고개를 끄덕였다.

"윈터가 삶을 포기하고 싶게 만든 어떤 '폭군'이 있는 것 같네요. 그 폭군이 찾아올 때면, 자살만이 유일한 해결책처럼 느껴졌을 거예요. 부모님이라면 그 폭군에게 어떤 말을 해주고 싶으세요?" 내가 묻자, 윈터의 아버지는 망설임 없이 단호하게 말했다. "이 망할 폭군아, 우리 딸에게 다시는 오지 마라. 우리 딸 머릿속을 헤집어 놓지 마." 나는 윈터를 바라보며 물었다. "그 폭군이 다시 찾아왔을 때, 엄마 아빠가 이렇게 말해준다면 어떨 것 같아? 부모님이 널 지켜줄 거라는 생각이 들어?" 윈터는 고개를 끄덕였다.

그리고 침묵하던 어머니가 조용히 말했다. "우리는 있는 그대로의 윈터가 좋아요. 딸에 대한 우리의 관심을 윈터가 오해하지 않았으면 해요. 난 윈터가 우리 딸로 있어주는 것만으로도 충분해요."

"지금 하신 그 말씀, 윈터를 바라보면서 다시 한 번만 해주세요." 진료실엔 정적이 흘렀고, 윈터 가족들은 조용히 눈물을 훔쳤다.

―

청소년기는 자녀가 부모의 품을 떠나 세상으로 나아가기 위해 준비하는 단계다. 이 과정에서 아이들은 숱한 좌절과 패배를 맛보게 되며, 또래와의 관계에서 오는 큰 상처를 경험하기도 한다. 이루어지지 않은 첫사랑에 가슴앓이 하는 자녀를 옆에서 바라보게 되는 경우도 있다. 청소년기 자녀를 둔 부모들은 자녀들이 겪는 아픔을 어루만져줄 수 있는 최후의 심리적 보루로서 곁에 있어주어야 한다.

대학 입시에 떨어지고, 믿었던 친구에게 외면당하는 일은 부모로부터 신체적·정신적 독립을 향해 나아가던 청소년기 자녀에게 큰 충격을 줄 수 있다. 이런 경우, 자녀는 윈터의 사례에서처럼 자기 파괴적인 선택을 하게 될 수도 있다. 청소년기는 외로움에 취약한 시기이자, 태어나 처음으로 삶의 희망을 잃어버리는 경험을 하게 되는 시간이기도 하다.

그런 아이들에게 언제든 돌아와 따뜻함을 느낄 수 있는 가족이라는 항구가 있다는 것은 크나큰 축복이다. 이 항구에서 그들은 상처를 극복하고 훌륭한 어른으로 성장할 것이다. 나는 청소년기에 접어드는 자녀를 둔 부모들에게 다음과 같이 말해주곤 한다.

"14년 동안 집에 머물렀던 귀한 손님과 앞으로 4년에 걸쳐 서서히 작별을 해야 합니다. 자녀가 성인이 되어 기꺼이 부모를 떠나려 한다면, 그것은 당신이 누군가에게 최고의 부모였다는 증거입니다."

Q 가족 내 갈등은 왜 특정 자녀에게 집중 되나요?

A. 가족은 갈등을 외부로 드러내기보다 내부에서 해결하려는 경향이 있습니다. 이 과정에서 가장 취약하거나 조용한 자녀가 '가족 문제의 중심'으로 지목될 수 있습니다. 가족 전체의 구조적 문제가 한 자녀의 행동 문제로 상징적으로 나타나게 되는 것입니다. 특히, 집안에서 막내가 그 역할을 맡는 경우가 많습니다.

Q 이상적인 민주적 가족 구조는 어떤 형태를 띠나요?

A. 가족 구성원들 사이의 권위와 책임의 불균형을 인정하면서도, 상호 존중과 협상을 중시하는 가족 형태입니다. 이런 가족 구조에서 자녀는 부모를 리더로서 존중하고, 부모는 자녀의 의견을 경청하고 이를 적극 수용합니다.

8장. 가족

Q '기적의 질문'은 왜 가족 내의 문제를 해결하는 데 효과적인가요?

A. 기적의 질문은 가족 구성원 각자가 소망하는 바를 언어를 사용하여 관찰가능한 행동으로 표현할 수 있게 해줍니다. 이는 가족들 사이의 명확한 의사소통을 가능케 합니다. 또한, 서로를 비난하는 대신 해결 방법에 초점을 두고 소통하도록 돕습니다.

Q 갈등 상황에서 가족 구성원 개개인으로부터 가족에 대한 바람을 듣는 것이 왜 중요한가요?

A. 가족 구성원 각자의 소망을 경청하는 경험은 그 자체로 치료적 효과가 있습니다. 또한, 이후 치료 과정에서 변화에 대한 가족의 심리적 저항감을 줄여줍니다.

Q 청소년기 자녀와의 관계에서 부모가 특히 기억 할 점은 무엇인가요?

A. 청소년기 자녀는 부모로부터의 심리적 독립을 갈망하는 동시에, 부모가 언제든지 자신에게 따뜻한 안식처가 되어주길 바랍니다. 자녀가 아무리 독립적으로 행동하더라도, 부모는 자녀가 언제든 돌아올 수 있는 안전한 항구 같은 존재가 되어야 합니다.

PART 9

에필로그: 함께 존재한다는 것의 의미

끝은 우리가 다시 시작하는 곳이다.

T.S. 앨리엇

9장
에필로그: 함께 존재한다는 것의 의미

'어린 시절 편안하게 의존할 수 있는 타인을 경험하는 것보다 중요한 일은 없다.'

이것이 내가 이 책을 통해 전하고 싶었던 메시지다. 이른 시기 온전한 의존을 경험한 아이는 있는 그대로의 자신을 받아줄 수 있는 타인이 세상에 존재한다고 믿을 수 있다. 그리고 자신 역시 누군가에게 의존의 대상이 되어주고자 기꺼이 노력 할 수 있게 된다. 나아가 이러한 노력들이 모이면, 그 사회의 구성원들은 서로의 상처와 실패를 포용하고 다양성과 개성을 존중할 수 있게 된다.

"기쁨은 나누면 배가 되고, 슬픔은 나누면 반이 된다."는 격언은 관계의 본질을 잘 드러내지만, 그럼에도 슬픔을 함께 나눈다는 것은 생각보다 어려운 일이다. 살아가면서 자신의 고통을 나눌 수 있는 사람을 곁에 둘 수 있다는 것은 큰 축복이다.

인간은 넓고 다양한 관계에서보다, 좁더라도 신뢰할 수 있는 깊은 관계 안에서 자신의 감정을 조절하고 불안을 잠재울 수 있다. 부모는 자녀에게 신뢰하고 의지할 수 있는 관계가 어떤 모습인지를 소개하는 안내자이다. 자녀에게 적절한 '부모의 자리'가 필요한 이유도 바로 이 때문이다.

기술의 발달은 인간 관계의 양상을 근본적으로 바꾸고 있다. 특히, 스마트폰과 SNS의 대중화는 이 변화를 더욱 가속화시키고 있다. 사람들은 스마트폰을 통해 국가의 경계를 넘어 전 세계 사람들과 온라인 상에서 연결되고 있지만, 오히려 현실 세계에서는 자기만의 성을 쌓고 스스로를 고립시키는 경우도 늘고 있다.

얼굴을 마주보고 상대방의 표정과 목소리의 떨림을 느끼며 실시간으로 소통하는 과거의 방식은 이제 간단한 텍스트와 이모티콘으로 대체되었다. 또한, SNS의 알고리즘은 긴 호흡과 통합적 성찰이 배제된 짧고 자극적인 콘텐츠에 사람들의 관심을 집중시킨다. 이러한 환경에서 양육자들은 뉴스피드를 통해 자신의 의지와 상관없이 전달되는 정보에 아이들이 지나치게 일찍 노출되지 않도록 보호해야 한다.

대면 소통이 배제된 온라인 환경에서, 우리는 타인을 이해와 포용의 대상이 아닌 판단과 배척의 대상으로 바라보게 되기 쉽다. 자신과 타인이 한 공간에 자리하며 소통하는 기회를 박탈당한 아이들은 타인의 마음을 상상하고 이해하는 능력을 기르는데 어려움을 겪게 된다. 현실 세계의 같은 공간에서 누군가와 관계를 맺는 기회가 적어질수록, 부모의 역할은 더욱 중요해질 수밖에 없다.

부모는 아이에게 자기 조절 능력을 키울 수 있는 환경을 제공해야 한다. 나는 이 환경을 충분한 자유 놀이가 허용되는 상태라고 말하고 싶다. 놀이는 아이가 다양한 감정을 경험하고 그것을 조절하는 연습을 할 수 있는 안전한 장이다.

부모와의 놀이는 아이들에게 타인과의 관계가 근본적으로 즐거운 것이라는 인식을 심어준다. 이러한 인식을 형성한 아이는 이후의 삶에서 타인과 더 깊고 친밀한 관계를 맺을 수 있게 된다.

또한, 놀이는 아이가 자연스럽게 자신의 감정과 생각에 호기심을 갖게 해준다. 놀이를 통해 아이는 사회성, 충동 조절 능력, 갈등 해결 능력, 창의성, 정신화 능력도 키워나간다.

부모가 아이에게 줄 수 있는 가장 큰 선물은 값비싼 옷이나 장난감이 아니라, 아이와 즐거운 시간을 함께하는 것, 친구들과 놀며 유쾌한 시간을 보내고 집에 돌아온 아이에게 환하게 미소 짓는 것이다.

가정은 아이가 원할 때, 자신의 부정적인 감정을 자유롭게 말로 표현할 수 있는 공간이어야 한다. 아이가 속상한 일을 겪으면 울 수 있고, 화가 날 땐 짜증도 낼 수 있는 곳이어야 한다. 가정에서 아이의 감정은 억제되어야 할 것이 아니라, 이해되고 이름 붙여져야 할 대상이어야 한다. 부모는 아이의 감정을 함께 느끼고, 그것을 언어로 표현하기 위해 노력하면 좋겠다.

부모는 아이들이 자신의 감정을 제어하는데 서툴다는 점을 이해하고, 자기 조절 능력을 기를 수 있도록 돕고 격려해야 한다.

때로는 부모가 자신의 어린 시절 기쁨과 슬픔의 순간들을 아이와 공유함으로써, 인간은 누구나 연약함을 느낄 수 있는 존재임을 아이에게 알리는 것도 좋다. 아이는 이러한 경험을 통해 감정의 공유가 서로의 관계를 더 깊게 만든다는 걸 체감하고 습득하게 된다. 다채로운 감정을 말로 표현하며 자란 아이는 실패나 좌절 앞에서도 쉽게 무너지지 않는 회복 탄력성을 키워나가게 된다.

유교 문화권에 속한 한국의 가정에서는 아이가 예의 바르게 행동하도록 가르치곤 한다. 학교와 사회에서도 아이들에게 규범에 맞는 행동을 반복적으로 요구한다. 이런 가치들이 사회에서 가지는 의의를 부정하고 싶지는 않다. 내가 강조하는 바는 전통적인 가치들에 집중하느라 아이들의 내적 세계에 대한 관심을 소홀히 해서는 안 된다는 점이다. 모두가 무관심할 때도 아이의 생각과 감정에 호기심을 갖고 아이를 이해하고자 노력할 수 있는 유일한 존재가 바로 부모와 가족이다.

모든 배움은 질문에서 시작한다. 그러나 많은 아이들이 질문하고 도움을 요청할 때, 칭찬이 아닌 다그침과 비난을 마주하는 때가 많다. 나 또한 의과대학 실습 과정에서 '찾아보지도 않고 쓸데없는 질문을 한다'며 혼난 경험이 있다.

그러나 이 세상에 '쓸데없는 질문'은 없다. 우리는 사소한 질문들이 인류의 역사를 혁신적으로 발전시켜 왔다는 것을 잘 알고 있다. 학교에서뿐만 아니라 가정에서도 질문은 언제나 환영받아야 한다. 질문은 호기심의 표현이다. 끈기있게 질문을 멈추지 않는 아이들은 칭찬받아 마땅하다.

누군가에게 질문한다는 것은 자신이 모르는 것을 인정하고 타인에게 답을 구하려는 용기에서 비롯된다. 나아가, 자신이 던진 질문이 환영받았던 경험을 많이 한 사람은 '나는 타인에게 도움을 요청하고 의지할 수 있는 사람'이라는 긍정적인 자기 표상을 만들어낸다. 아이들이 세상에 대한 궁금증을 능동적인 질문으로 표현할 때, 그 호기심에 관심을 보이고 격려하는 것이 '충분히 좋은 부모'가 지녀야 할 자세이다.

정신 치료의 성공을 좌우하는 가장 본질적인 요소는, 치료자와 환자 사이에 맺어지는 끈끈한 관계다. 치료자는 환자의 생각이나 행동을 고치려고 하기 전에 그의 생각과 감정을 온전히 이해하기 위해 노력해야 한다. 나는 언제나 치료를 시작하며 '이 사람의 입장이 되어 살아간다는 것은 어떤 경험일까?' 라는 질문을 스스로에게 한다.

성공적인 정신 치료란, 환자가 겪는 문제에 대해 치료자가 생각하는 해답을 일방적으로 제공하는 과정이 아니다. 그것은 환자 스스로 새로운 삶의 가능성을 찾고, 그 길을 걸어갈 수 있도록 돕는 여정이다. 물론, 이 여정에서 환자는 때때로 치료자에게 실망하거나 분노하기도 한다. 그러나 관계가 끊어지는 경험 속에서 그 관계를 다시 회복하는 소중한 체험을 할 수 있다.

육아 역시 이와 다르지 않다. 부모는 인생의 갈림길에서 자녀가 스스로 최선의 결정을 내릴 수 있는 성인으로 자랄 수 있도록 지지하는 동반자여야 한다. 그 여정에서 자녀와의 관계가 잠시 단절되었다면 부모가 기꺼이 먼저 손을 내밀 수 있어야 한다.

부모는 자신의 과거 경험을 토대로 아이를 섣불리 판단하기보다, 아이가 새로운 세상을 항해하는 나와 다른 존재임을 받아들여야 한다. 다름이 존중되는 가족 안에서는 갈등도 더 쉽게 봉합될 수 있다.

한국을 떠나 처음 미국에 왔을 때를 잊지 못한다. 낯선 문화와 이민자라는 설움, 그리고 서툰 언어까지, 모든 것이 새로운 환경에서 나는 괴로웠다. 도망치고 싶었던 순간에 나를 붙잡아 주고 쉼을 준 것은 결국 가족이었다.

이제 콜로라도라는 새로운 터전에서, 나와 우리 가족은 각자의 자리를 찾아가고 있다. 나는 두 아이의 아빠이자 남편, 그리고 정신 치료사로서 성장하기 위해 꾸준히 노력 중이다. 나는 자녀들이 힘들 때면 언제든 다가와 의지하고 함께 울고 웃을 수 있는 '충분히 좋은 아빠'가 되고 싶다. 이 책에 나의 그런 소망을 담고자 했다. 이 책을 집어든 독자들 역시, 저마다의 자리에서 '충분히 좋은 부모 되기' 여정에 함께할 수 있기를 바란다.

부모의 자리
소아정신과 의사가 알려주는 '충분히 좋은' 부모 되기

초판 1쇄 발행일 2025년 11월 21일

지은이 이주영

발행인 김민수
발행처 도서출판 겹
출판등록 제395-2025-000102호(2025년 5월 1일)
주소 (10583) 경기도 고양시 덕양구 지정로 60, 103-1303
전화 02-2275-8300
전자우편 layerbooks@naver.com

기획·편집 도서출판 겹
디자인 (주)디자인콘 designcone.co.kr
인쇄·제작 (주)대원문화사 031-947-9640

ⓒ 이주영 2025

ISBN 979-11-992643-1-1 03180

· 이 책은 저작권법에 따라 보호받는 저작물이므로 무단 전재와 무단 복제를 금합니다.
· 이 책의 전부 또는 일부를 이용하려면 반드시 저자와 도서출판 겹의 동의를 받아야 합니다.